BRÓGA NUA

Áine Ní Shúilleabháin

Eagarthóirí/Editors: Áine Ní Shúilleabháin agus Clár Ní Chochláin i gcomhar le Treasa Ní Ailpín

Tráchtaireacht agus aistriúchán ar na rannta agus amhráin/English text: Áine Ní Shúilleabháin

Ealaíontóir/Illustrator: Kim Shaw

Dearadh/Design: Gaelink

Clódóir/Printer: paul@pbprint.ie

An chéad eagrán/First published	2011	© Forbairt Naíonraí Teoranta
An dara cló/Second print	2013	© Forbairt Naíonraí Teoranta
An triú cló/Third print	2015	© Áine Ní Shúilleabháin
An t-eagrán nua seo/The second edition	2016	© Áine Ní Shúilleabháin

CONTENTS • CLÁR

A word about Bróga Nua/Comments and Reactions	4
Foreword/Réamhrá agus Buíochas	5
Background/Cúlra	6
Acknowledgements/Admhálacha	7
Recorded Material/An tÁbhar Taifeadta	7
Sources of Rhymes and Songs/Foinsí na Rannta agus na nAmhrán	7
Using a Picture Rhyme Book	8
Track List of Rhymes and Songs	9
Words of Rhymes and Songs with English Translation:	
Let's Start with Simple Rhymes	13
Activities	23
Circle Games and Rhymes	31
Greetings	44
The Weather	49
Cleaning the Room	54
Washing and Drying Hands	58
Having a Rest	63
Lunchtime	67
Festivals/Celebrations	72
Outdoors	82
Time to go Home	93
First Line Index/Innéacs na gCéad Línte	98

A WORD ABOUT BRÓGA NUA - COMMENTS AND REACTIONS

Over the years Treasa Ní Ailpín has written rhymes and songs for her own children and for the children in her Naíonra and Infant Classes. Treasa composed most of the rhymes in this resource.

Máire Breatnach, the well known musician and singer joined Treasa in the production of the CDs. Together they wove their magic in Stephen O'Brien's studio in Shankill. The singer MacDara Ó Conaola who hails from Inis Oírr in the Aran Islands also contributed vocals.

Our thanks to the designer Fiachra Ó Torna (Gaelink), the artist Kim Shaw who provided the illustrations and the printer Paul Bolger (PB Print Solutions) for producing such an attractive book.

The first edition of Bróga Nua was compiled by Áine Ní Shúilleabháin and published by Forbairt Naíonraí Teoranta. This new edition is published by Áine Ní Shúilleabháin.

You do not need to be an Irish speaker to enjoy *Bróga Nua*, which is a wonderful learning resource for children.... Cleverly illustrated and divided into categories, you can dip in and out of this book choosing your children's favourite poem or song to learn new Irish words and phrases.
An Post – Postnews.

Children will be drawn to the songs and rhymes in this collection and easily learn to love and speak Irish.
Early Childhood Ireland.

Bróga Nua is a beautiful collection of rhymes and songs aimed at young children..... This book provides ample opportunities to teach important everyday phrases through Irish in a happy and fun learning environment.
Children's Books Ireland

"The children are loving it, can't get enough. We have done An Traein, Ring a Ring a Rósaí and Lá 'le Pádraig. Their little ears are up against the CD player when we play the CDs."
Playgroup Leader

"*Bróga Nua* has given me a fun way to introduce the Irish language to my children which I simply could not have done without it.""
Bronagh Cleland, Parent

Out of the mouths of babes:
"The best thing about Irish is it's easy to learn,
And the worst thing is no one ever uses it all the time."
7 year old

FOREWORD • RÉAMHRÁ

The early years are 'golden' for language development. Research confirms that acquiring a second language from birth to 7 years is literally 'child's play.' An individual can become bilingual at any age but experts agree that the best age to acquire the sound system of a language is before the age of ten or twelve. Children are born with an innate ability to acquire languages and if given the opportunity, of hearing them regularly and frequently, can even acquire a third and fourth language, spontaneously.

Young children love to play with new sounds and words. It has been established that new words for a child's vocabulary should ideally come from a parent or adult who talks or sings with focused love and empathy. Frequent recitation of rhymes and singing of songs will promote and enhance your child's linguistic, cognitive, emotional, and social development and provide a great start in life. Repetition of rhymes and songs builds up confidence in using language.

You do not need to be an Irish speaker to use this resource – all the rhymes and songs in *Bróga Nua* are on the accompanying CDs. Once you have familiarised yourself with the rhymes, you can rest assured that the enthusiasm you will convey for the language will go a long way!

Please note that every effort has been made to use standardised Irish, however a number of the rhymes and songs appear in the dialects in which they were composed. Many of the rhymes and songs include nonsense words, e.g. *"clic-cleaic"*, *"ríleoró"*, *"fol-di did-il dé-ró"*, and as these words have no specific meaning, they have not been translated into English.

Go n-éirí go geal leat féin agus le do chúram!
Áine

BUÍOCHAS

Gabhaim buíochas ó chroí le Treasa Ní Ailpín as an tacaíocht leanúnach a thug sí dom agus an obair seo idir lámha. Buíochas mór le Máire Breatnach – bean uasal, ildánach. Ba mhór an phribhléid domsa agus do Threasa a bheith ag obair léi. Buíochas mór freisin ag dul do Stiofán Ó Briain ó Red Recording Studio agus do MhacDara Ó Conaola, amhránaí.

Míle buíochas le Déirdre Uí Ghrádaigh, Máire Mhic Mhathúna, Clíona Frost, Clár Ní Chochláin, Máire Uí Ainín, Bairbre Mhic Con Iomaire, Aingeal Ó Buachalla, Denise McCormilla, Éamonn Ó hAilpín, Nóra Ní Ailpín agus páistí agus stiúrthóirí Naíonraí a thug idir chúnamh agus chomhairle dom. Ba mhaith liom buíochas ó chroí a ghabháil le mo chlann iníne, Sinéad, Sorcha agus Saidhbh a bhí thar a bheith cabhrach agus foighneach liom agus mé ag obair le Treasa ar an tionscadal seo. Ba chrann taca é Michael, ar ndóigh, a bhíonn mar fhoinse inspioráide i gcónaí agam.

My heartfelt thanks to all of the children, staff and parents of Tír na nÓg Early Childhood Care & Education Centre, Ballymun whose enthusiasm and creativity has inspired me by turning otherwise routine days into wonderful learning experiences.

Cuimhnímid le meas agus cion ar ár mbeirt chairde dílse nach maireann, Proinsias Ní Dhorchaí agus Nuala Nic Con Iomaire.

BACKGROUND • AN CÚLRA

In the late 1990s I was employed as a *Comhairleoir* (Advisor) for An Comhchoiste Réamhscolaíochta, later Forbairt Naíonraí Teoranta. At the request of the Border Counties Childhood Network (now National Childhood Network) I facilitated a number of workshops regarding the introduction of Irish to preschool children. Since then I have presented workshops on the same topic to many groups of parents and childcare providers around the country. In the early years my main source of songs and rhymes was An Comhchoiste Réamhscolaíochta's booklet, *How to Enjoy Irish in your Playgroup*. The enthusiasm with which the rhymes and songs were received by the workshop participants meant that little by little other popular rhymes were added to the original collection. The workshops expanded to become short courses attended by parents, Montessori teachers, childminders and preschool providers. *Bróga Nua* has grown from this hinterland and there are now a total of one hundred rhymes and songs in this collection. It is hoped that as we progress, more rhymes and songs will be found and composed to provide an ample reservoir from which to choose as time and occasion arise.

The most recent results from research on language acquisition confirm that the early years (birth to 7 years) of a child's life are the most important in language development. Parents in particular, being the primary educators of their children, will always have a critical role to play in language learning.

Áine Ní Shúilleabháin

References

Baker, C., 2011. *Foundations of Bilingual Education and Bilingualism.* 5th edition. Bristol: Multilingual Matters.

Blythe, Sally Goddard, 2011. *The Genius of Natural Childhood: Secrets of Thriving Children*. Stroud: Hawthorn Press.

Poulin-Dubois, D., Blayne, A., Coutya & J., Bialystok, 2010. The effects of bilingualism on toddlers' executive functioning. *Journal of Experimental Child Psychology,* [online]. Available at: <http://gsite.univprovence.fr/gsite/Local/lpc/dir/blaye/pdf/Poulin-Dubois%20et%20al.2010.pdf> [Accessed on 9 July 2011].

Weikart, P. S. 2000. *Round the Circle - Key Experiences in Movement for Young Children*. 2nd edition. Michigan: HighScope Press.

ACKNOWLEDGEMENTS • ADMHÁLACHA

AN tÁBHAR TAIFEADTA • RECORDED MATERIAL

Léiriú/Production: Máire Breatnach
Taifeadadh agus Meascadh/Recorded and Mixed: Red Recording Studio
Innealtóir Fuaime/Sound Engineer: Stiofán Ó Briain
Réamhaithris na nAmhrán/Spoken Verses: Máire Breatnach, MacDara Ó Conaola, Mícheál Ó hUanacháin (**CD1**: 5, 58; **CD2**: 47), Nuala Nic Con Iomaire (**CD1**: 7, 29; **CD2**: 3, 7, 9, 14, 25, 44, 51, 57, 59)
Amhránaithe/Singers: Máire Breatnach, MacDara Ó Conaola, chomh maith leis na hamhránaithe ar na dlúthdhioscaí thíosluaite leis Na Naíonraí Gaelacha.
Tionlacan Ceoil/Music Accompaniment: Máire Breatnach, chomh maith leis na ceoltóirí ar na dlúthdhioscaí thíosluaite leis Na Naíonraí Gaelacha.
Ceol Uirlise/Instrumental Music only: **CD1:** 1, 2, 18, 30, 46, 50; **CD2:** 1, 2, 6, 12, 17, 24, 38, 56
Ceoltóirí/Instrumental Musicians: Máire Breatnach agus Séamus Brett ag Silverstream Studios, Contae Lú

FOINSÍ NA RANNTA AGUS NA nAMHRÁN • SOURCES OF RHYMES AND SONGS

Rannta agus amhráin ó na dlúthdhioscaí seo a leanas leis Na Naíonraí Gaelacha.
Amhráin do Pháistí © Na Naíonraí Gaelacha
Maidin sa Naíonra © Na Naíonraí Gaelacha
Céimeanna Beaga © Na Naíonraí Gaelacha

Véarsaí le Treasa Ní Ailpín as *Timpeall an Tí* © Foras na Gaeilge

Rannta agus amhráin ón mbéaloideas, ó na naíonraí agus ó na bunscoileanna:
*Éiníní; Aon, Dó; Lámh, Lámh Eile; Ring-a-Ring-a-Rósaí; D'ól Séarlaí Bainne; *Seáinín ar a Rothar; Sicín Beag a Chuaigh Amú; An Traein; Dún do Shúile; Tá Úll Beag Deas Agam; Lá 'le Pádraig, Lá 'le Pádraig; *Aindí Leisciúil; Rólaí Pólaí*

Is í Máire Ní Chonaill a chum *Seáinín ar a Rothar* agus Micheál Ó Ceallacháin a chuir na focail *Aindí Leisciúil* le ceol *Frère Jacques*. Ní bhfuaireamar amach go fóill, áfach, cé a chum na rannta eile thuasluaite.

Rannta nuachumtha le Treasa Ní Ailpín agus rannta eile bunaithe ar rannta traidisiúnta Béarla: *Tá Trí Ubh sa Nead; Cárta Deas do Mhamaí; Cárta deas do Dhaidí; Jimín Beag an Damhán Alla; Trumpa Trampa, Trumpa, Tró; Amach go Mall; Isteach go Mall; Ar an Suí-Sá; Timpeall, Timpeall Casann an Roth; Réiltín! Réiltín!; Lorcáinín-Lorcáinín Luch; Haigh Didil Didil* © Treasa Ní Ailpín

USING A PICTURE RHYME BOOK •
AG ÚSÁID RANNLEABHAIR LE PICTIÚIR

As soon as the children are familiar with three or four rhymes make a 'Picture Rhyme Book'. Your Picture Rhyme Book will contain A4 size cards. Each card will represent a rhyme/song. Put the title and a basic drawing reflecting the rhyme or song on each card. For example, the rhyme *Bróga Nua* (New Shoes) could be a simple drawing of a pair of shoes and then just add the title of the song. For other images you could download pictures from the internet or use a digital camera. Put each card in a plastic pocket and retain the pockets in a ring binder. The children can easily turn the plastic pocket pages which will now act as a visual reminder of their new Irish rhymes. Your Picture Rhyme Book will be used to give the children the opportunity to choose their favourite rhyme/song. Don't forget that repetition is the key to language acquisition and very often a child will choose the same rhyme over and over.

Before introducing a new rhyme in a preschool/crèche situation you may find it helpful to hang the Picture Card on the wall a couple of days in advance. Remember to place it at the child's viewing height. This gives the children the opportunity to explore the Picture Card and familiarise themselves with the new rhyme/song. Any request by a child to hear the new rhyme should always be accommodated if possible. Explain that this is the new Irish rhyme for circle/large group time. The children will love the new sounds. Of course parents in the home can do likewise.

- The Picture Rhyme Book can be placed in the book area so that the children can "read" it during the day.

- Always remember that the use of rhymes and songs in the early years greatly promotes and enhances the development of literacy skills.

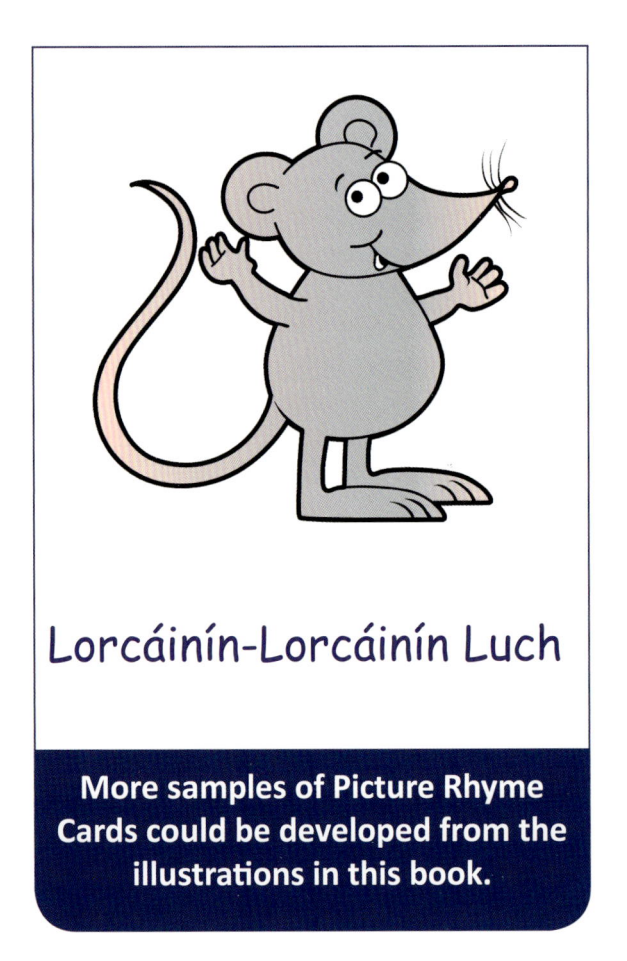

Lorcáinín-Lorcáinín Luch

More samples of Picture Rhyme Cards could be developed from the illustrations in this book.

TRACK LIST OF RHYMES AND SONGS • RANNTA AGUS AMHRÁIN

CD 01

TRACK	TITLE	PAGE
1.	**ENJOYING IRISH WITH YOUNG CHILDREN**	
	LET'S START WITH SIMPLE RHYMES	
2.	Let's Start with Simple Rhymes	13
3.	Aon, Dó, Trí	15
4.	Humptaí Dumptaí	15
5.	Mise Dic	15
6.	Aon, Dó	16
7.	Bróga Nua	17
8.	Rólaí, Pólaí	17
9.	Lámh, Lámh Eile	18
10.	Ag Bualadh Bos	18
11.	Ceann, Guaillí, Glúin' is Cos'	18
12.	Is Maith Liom Bheith ag Siúl	19
13.	Tá mé ag Siúl	20
14.	Téimis chun Siúil	21
15.	Éinín Binn	21
16.	Trumpa, Trampa, Trumpa, Tró	22
17.	Teidí Beag Álainn	22
	ACTIVITIES	
18.	Activities	23
19.	Uisce, Uisce	25
20.	Timpeall, Timpeall Casann an Roth	25
21.	Gaineamh Mín Réidh	26
22.	Péint is Scuab is Páipéar	26
23.	Déanfaidh mé Císte Deas Duit	27
24.	Ag Rolladh	27
25.	Brúigh is Fáisc; Tá Mise ag Bualadh na Cré	28
26.	Tá Mise ag Tógáil Tí	29
27.	Tá Leoraí Mór ag Teacht	29
28.	Timpeall Timpeall	30
29.	Léifidh mé Scéilín Deas Duit	30

TRACK LIST OF RHYMES AND SONGS • RANNTA AGUS AMHRÁIN

CD 01

TRACK	TITLE	PAGE
	CIRCLE GAMES AND RHYMES	
30.	Circle Games And Rhymes	31
31.	Ciorcal Mór	33
32.	Roille, Roille, Ráinne	34
33.	Ring-a-Ring-a-Rósaí	34
34.	Aindí Leisciúil	35
35.	Capaillíní ag Rothlú	35
36.	Istigh sa Zú	36
37.	Sicín Beag a Chuaigh Amú	37
38.	Seáinín ar a Rothar	38
39.	An Traein	39
40.	Buail do Bhosa	40
41.	Lámha, Bosa	40
42.	Buail Bos	41
43.	Cuimil do Bhosa	41
44.	Sín do Lámha	42
45.	Bula Bula Báisín	43
	GREETINGS	
46.	Greetings	44
47.	Tá Duine ag an Doras	46
48.	Fáilte Romhat	47
49.	Bainfidh mé Díom mo Chóta	48
	THE WEATHER	
50.	The Weather	49
51.	Lá Breá Grianmhar: Vocabulary/Phrases	51
52.	Tá an Ghrian ag Taitneamh	51
53.	Tá an Lá go hÁlainn	51
54.	Lá Fliuch: Vocabulary/Phrases	52
55.	Braonacha Báistí ag Titim	52
56.	Sneachta: Vocabulary/Phrases	52
57.	Calóga Sneachta ag Titim	53
58.	Ag Siúl, ag Siúl, ag Siúl	53

TRACK LIST OF RHYMES AND SONGS • RANNTA AGUS AMHRÁIN

TRACK	TITLE	PAGE
1.	**ENJOYING IRISH WITH YOUNG CHILDREN**	
	CLEANING THE ROOM	
2.	Cleaning the Room	54
3.	Vocabulary/Phrases	56
4.	Caithfidh mé an Seomra a Ghlanadh	56
5.	Réitímis an Seomra	57
	WASHING AND DRYING HANDS	
6.	Washing and Drying Hands	58
7.	Caithfidh mé mo Lámha a Ní	60
8.	Féach ar mo Lámha	60
9.	Nigh na Lámha	61
10.	Triomaigh na Lámha	61
11.	Tá mo Lámha Glan	62
	HAVING A REST	
12.	Having a Rest	63
13.	Tá mé Tuirseach	65
14.	Téigh a Chodladh	65
15.	Dún do Shúile	65
16.	Éiníní	66
	LUNCHTIME	
17.	Lunchtime	67
18.	'Bhfuil sé in Am Lóin?	69
19.	Tá Tart is Ocras Orm Anois	69
20.	Ding Dong Dó	70
21.	Tá Úll Beag Deas Agam	71
22.	Scian, Scian	71
23.	Siosúr, Siosúr	71
	FESTIVALS/CELEBRATIONS	
24.	Festivals and Celebrations	72
25.	Inniu Lá Breithe Chlíona; Tá Clíona Ceithre Bliana Inniu	74
26.	Lá Breithe Faoi Shéan	74
27.	Oíche Shamhna	75

TRACK LIST OF RHYMES AND SONGS • RANNTA AGUS AMHRÁIN

CD 02

TRACK	TITLE	PAGE
28.	Oíche Shamhna, Bairín Breac	75
29.	Tá an Nollaig Buailte Linn	76
30.	Mainséar Beag	77
31.	Stocaí Beaga Bána	77
32.	Tá Féile Speisialta Inniu	78
33.	Is Maith Liom an tSeamróg	78
34.	Lá 'le Pádraig, Lá 'le Pádraig	79
35.	Cárta Deas do Mhamaí	80
36.	Cárta Deas do Dhaidí	80
37.	Tá Trí Ubh sa Nead	81

OUTDOORS

38.	Outdoors	82
39.	Seo Linn Amach	84
40.	Amach go Mall	84
41.	Isteach go Mall	84
42.	Ar an Suí-Sá	84
43.	Duilleoga Deasa Deasa	85
44.	A Bhóín Bheag Dé	85
45.	Nóiníní Bána	86
46.	Jimín Beag an Damhán Alla	86
47.	Smidín Beag an Seilide	86
48.	Éinín Binn	87
49.	An Hócaí Pócaí Pócaí	88
50.	D'ól Séarlaí Bainne	89
51.	Dhá Éinín Bheaga	89
52.	Réiltín! Réiltín!	89
53.	Haigh Didil Didil	90
54.	Lorcáinín-Lorcáinín Luch	91
55.	Teidí Beag Álainn	92

TIME TO GO HOME

56.	Time to Go Home	93
57.	Cuirfidh mé orm mo Chóta	95
58.	Vocabulary/Phrases	95
59.	Tá Mamaí ag Teacht Faoi mo Dhéin	96
60.	Tar Abhaile	97

LET'S START WITH SIMPLE RHYMES
RANNTA BEAGA SIMPLÍ

LET'S START WITH SIMPLE RHYMES

We all remember the nursery rhymes we learned as children. It never even occurs to us to question how easily we recall these rhymes when our turn comes to introduce them to a young child. Young children have a wonderful facility for storing information to be used at a later date. We all have a critical role in ensuring that children are introduced as soon as possible to as wide a range of language experiences as our resources allow. Reciting and repeating rhymes and singing songs lay the groundwork for language ability and for literacy skills later on. The more fun it is, the more the child will want to stay with it. Hearing and acquiring new words and rhymes while playing is the best way to be introduced to any new language.

The following rhymes are short and simple. They can be enjoyed with children in the home, in early childhood settings and in schools. They can be recited and repeated over and over again in any situation. The children will revel in the sounds, patterns and rhythm of the language.

3. AON, DÓ, TRÍ

Aon, dó, trí,
Féirín beag buí.
Ceathair, cúig, sé,
Cupán deas tae.
Seacht, ocht, naoi,
Teidí ina luí.
DEICH!

ONE, TWO, THREE
*One, two, three,
A little yellow gift.
Four, five, six,
A nice cup of tea.
Seven, eight, nine,
Teddy lying down.
TEN!*

4. HUMPTAÍ DUMPTAÍ

Humptaí Dumptaí,
Thuas ar an mballa,
Thit sé anuas,
Anuas ar an talamh.

HUMPTY DUMPTY
*Humpty Dumpty,
Up on the wall,
He fell down,
Down onto the ground.*

5. MISE DIC

Mise Dic,
An Róbó glic!
Clic-cleaic,
Clic-cleaic,
Clic-cleaic, clic!

I AM DICK
*I am Dick,
The clever Robot!
Clic-cleaic,
Clic-cleaic,
Clic-cleaic, clic!*

6. AON, DÓ

Aon, dó,
Muc is bó.
Trí, ceathair,
Bróga leathair.
Cúig, sé,
Cupán tae.
Seacht, ocht,
Seanbhean bhocht.
Naoi, deich,
Císte te.

ONE, TWO
*One, two,
A pig and a cow.
Three, four,
Leather shoes.
Five, six,
A cup of tea.
Seven, eight,
A poor old woman.
Nine, ten,
A hot cake.*

You may be familiar with the above traditional counting rhyme.
It may suit to have props for the children, for example, a pig *(muc)* and a cow *(bó)*, a pair of leather shoes *(bróga leathair)* and a cup and saucer for the cup of tea *(cupán tae)*. A poor old woman *(seanbhean bhocht)* can be acted out with a walking stick, and of course a cake could be used for a hot cake *(císte te)*.

7. BRÓGA NUA

Tice teaice tiú,
Fuair Colm bróga nua,
Tice teaice,
Tice teaice,
Tice teaice tiú.

NEW SHOES
*Tice teaice tiú,
Colm got new shoes,
Tice teaice,
Tice teaice,
Tice teaice tiú.*

As well as enjoying the sounds of this little rhyme it can be made into a game by simply tapping each new shoe, sock, etc. while it is being recited.

This rhyme can be adapted to **stocaí nua** (new socks), **hata nua** (new hat), **cóta nua** (new coat), **geansaí nua** (new jumper), **gúna nua** (new dress), **mála nua** (new bag), **buataisí nua** (new boots), **briste nua** (new trousers), etc.
e.g. **Tice teaice tiú, Fuair Laura stocaí nua...** Tice teaice tiú, Laura got new socks...

A group of children in one playgroup chose to march to **Tice teaice tiú** every morning. They referred to any "new" item of clothing worn by a child.

8. RÓLAÍ PÓLAÍ

Rólaí Pólaí, Rólaí Pólaí, suas, suas, suas,
Rólaí Pólaí, Rólaí Pólaí, síos, síos, síos,
Rólaí Pólaí, Rólaí Pólaí, amach, amach, amach,
Rólaí Pólaí, Rólaí Pólaí, isteach, isteach, isteach,
Rólaí Pólaí, Rólaí Pólaí, suas, suas, suas,
Rólaí Pólaí, Rólaí Pólaí, síos, síos, síos.

Rólaí Pólaí is a very popular rhyme and can be recited slowly, fast, loudly or very quietly. The hands are used to demonstrate the various motions – up *(suas)*, down *(síos)*, out *(amach)*, in *(isteach)*.

ROLY POLY
*Roly Poly, Roly Poly, up, up, up,
Roly Poly, Roly Poly, down, down, down,
Roly Poly, Roly Poly, out, out, out,
Roly Poly, Roly Poly, in, in, in,
Roly Poly, Roly, Poly, up, up, up,
Roly Poly, Roly Poly, down, down, down.*

9. LÁMH, LÁMH EILE

Lámh, lámh eile, a haon, a dó,
Cos, cos eile, a haon, a dó,
Cluas, cluas eile, a haon, a dó,
Súil, súil eile, a haon, a dó,
Ceann, srón, béal, smig
Agus fiacla bána i mo bhéal istigh.

HAND, OTHER HAND
*Hand, other hand, one, two,
Leg, other leg, one, two,
Ear, other ear, one, two,
Eye, other eye, one, two,
Head, nose, mouth, chin,
And white teeth in my mouth.*

10. AG BUALADH BOS

Ag bualadh bos,
Ag bualadh bos,
A haon, a dó, a trí,
Ag greadadh cos,
Ag greadadh cos,
Ó bímse ag déanamh spraoi.

CLAPPING HANDS
*Clapping hands,
Clapping hands,
One, two, three.
Stamping feet,
Stamping feet,
Oh I have fun.*

11. CEANN, GUAILLÍ, GLÚIN' IS COS'

Ceann, guaillí,
Glúin' is cos',
Glúin' is cos',
Ceann, guaillí,
Glúin' is cos',
Glúin' is cos',
Agus súile, cluasa,
Béilín agus srón,
Ceann, guaillí,
Glúin' is cos',
Glúin' is cos'.

HEAD, SHOULDERS, KNEES AND LEGS
*Head, shoulders,
Knees and legs,
Knees and legs,
Head, shoulders,
Knees and legs,
Knees and legs,
And eyes, ears,
Small mouth and nose,
Head, shoulders,
Knees and legs,
Knees and legs.*

LET'S START WITH SIMPLE RHYMES

12. IS MAITH LIOM BHEITH AG SIÚL

Is maith liom bheith ag siúl,
Is maith liom bheith ag siúl,
Hé hó mo Dhaidí ó,
Is maith liom bheith ag siúl.

Is maith liom bheith ag siúl,
Is maith liom bheith ag siúl,
Hé hó mo Dhaidí ó,
Is maith liom bheith ag siúl.

This rhyme is enjoyable when walking and can be extended to introduce further vocabulary, e.g.

Is maith liom bheith ag léim. (I like to jump.)
Is maith liom bheith ag snámh. (I like to swim.)
Is maith liom bheith ag rith. (I like to run.)
Is maith liom bheith ag scríobh. (I like to write.)

Or if preferred, it could be adapted to:
Is breá liom bheith ag siúl. (I really like/love to walk.)

I LIKE TO WALK
*I like to walk,
I like to walk,
Hé hó my Daddy oh,
I like to walk.*

*I like to walk,
I like to walk,
Hé hó my Daddy oh,
I like to walk.*

13. TÁ MÉ AG SIÚL

Tá mé ag siúl,
Tá mé ag siúl,
Hé hó mo Dhaidí ó,
Tá mé ag siúl.

Tá mé ag siúl,
Tá mé ag siúl,
Hé hó mo Mhamaí ó,
Tá mé ag siúl.

I AM WALKING

*I am walking,
I am walking,
Hé hó my Daddy oh,
I am walking.*

*I am walking,
I am walking,
Hé hó my Mammy oh,
I am walking.*

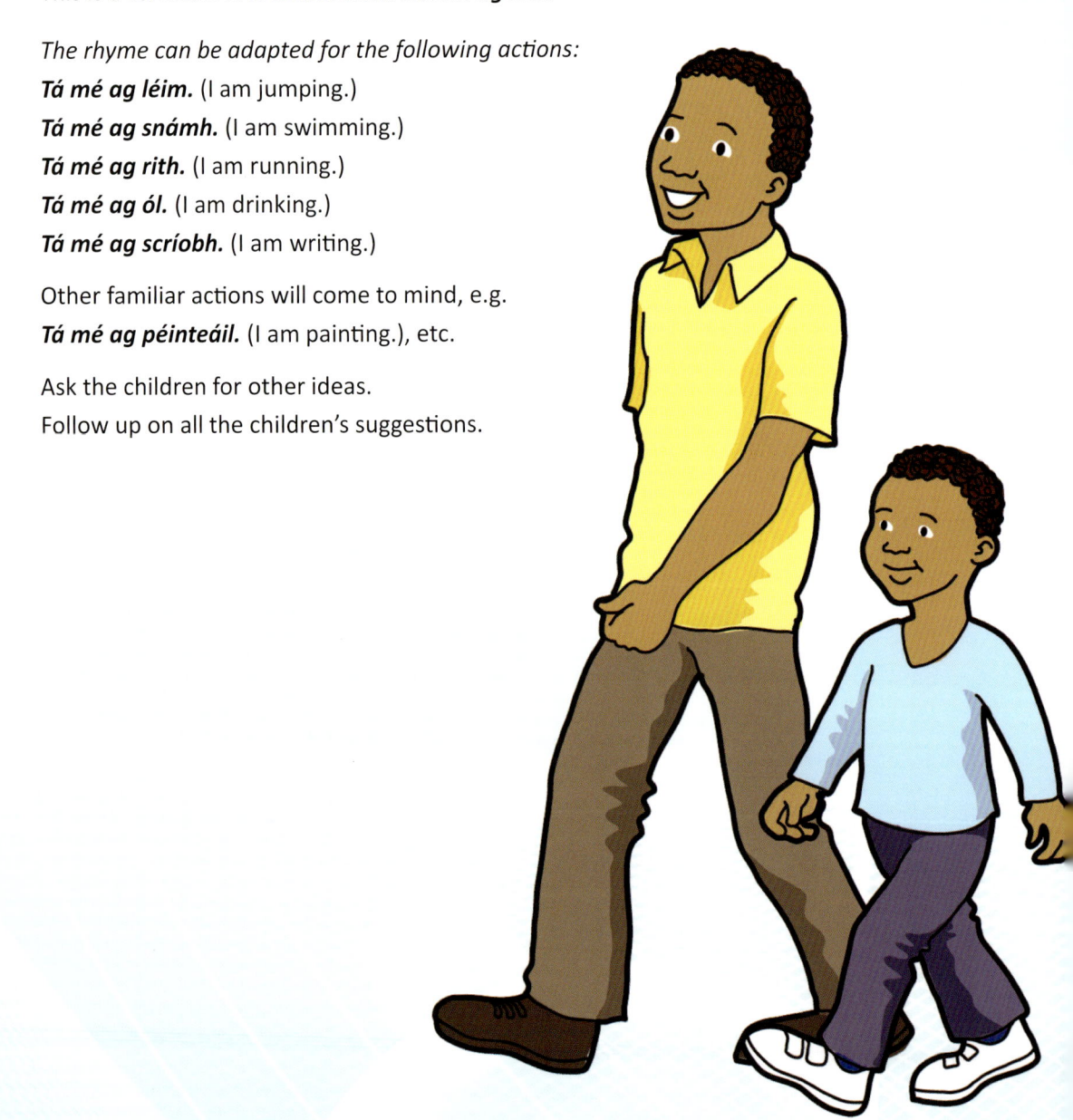

This is a variation of **Is Maith Liom Bheith ag Siúl.**

The rhyme can be adapted for the following actions:
Tá mé ag léim. (I am jumping.)
Tá mé ag snámh. (I am swimming.)
Tá mé ag rith. (I am running.)
Tá mé ag ól. (I am drinking.)
Tá mé ag scríobh. (I am writing.)

Other familiar actions will come to mind, e.g.
Tá mé ag péinteáil. (I am painting.), etc.

Ask the children for other ideas.
Follow up on all the children's suggestions.

14. TÉIMIS CHUN SIÚIL

Téimis chun siúil,
La la-la la!
Téimis chun siúil,
La la-la la!
Seo linn ag rith,
Seo linn ag rith,
La la-la
La la-la
La la-la la!

Another "walking" rhyme

LET'S GO WALKING

Let's go walking,
La la-la la!
Let's go walking,
La la-la la!
Let's run,
Let's run,
La la-la
La la-la
La la-la la!

15. ÉINÍN BINN

Aon, dó, aon dó trí,
Chuala mise éinín binn,
Aon, dó, aon dó trí,
Chuala mise éinín.
La la la la,
La-la la-la la la,
La la la la,
La-la la-la la.

In one playgroup situation when the children came in from the garden they spontaneously sang the above verse.

MELODIOUS LITTLE BIRD

One, two, one two three,
I heard a melodious little bird,
One, two, one two three,
I heard a little bird.
La la la la,
La-la la-la la la,
La la la la,
La-la la-la la.

16. TRUMPA, TRAMPA, TRUMPA, TRÓ

Trumpa, trampa, trumpa, tró!
Déanfaidh mé torann
Is déanfaidh mé gleo.
Buailfidh mé an druma
A haon! A dó!
Trumpa, trampa, trumpa, tró!

Children love to make music with instruments and take turns as leader while marching. (Simple instruments can be made from junk materials.)

TRUMPA, TRAMPA, TRUMPA, TRÓ
Trumpa, trampa, trumpa, tró!
I'll make noise
And I'll create a din.
I'll beat the drum
One! Two!
Trumpa, trampa, trumpa, tró!

17. TEIDÍ BEAG ÁLAINN

Teidí beag álainn, Teidí beag buí,
Thit sé sa pháirc agus tá sé an-tinn;
Tá sé ina leaba bheag, tá sé ina luí,
Teidí beag álainn, Teidí beag buí.

All children will identify with the above story. It can be made into a little game if desired.

LOVELY LITTLE TEDDY
Lovely little Teddy, Little yellow Teddy,
He fell in the park and is very sick;
He is in his little bed, he is lying down,
Lovely little Teddy, Little yellow Teddy.

LET'S START WITH SIMPLE RHYMES

ACTIVITIES
GNÍOMHAÍOCHTAÍ

ACTIVITIES

Activities are all about play – the freedom to invent, create, experience and discover. Play with sand (wet and dry), water, dough, wooden blocks, paint, junk materials, mud and clay all come under the heading of open-ended play. There are no particular results expected. Children can be designers and makers of whatever they choose. This type of play promotes confidence and self esteem. Active participatory learning and hands-on experiences support children's overall development. The adult's role is to be a partner in play and to scaffold children's learning.

Play with open-ended materials also provides opportunities to acquire or pick up a second language. As children hear words and phrases, for example, *"uisce"* or *"gaineamh mín réidh"* when playing with water and sand, they will acquire new language sounds unconsciously.

- A Picture Rhyme Card for each of the following activities will offer opportunities for the children in early childhood settings to choose and sing their favourite 'activity' rhyme at Circle/Large Group Time, see page 8.

WATER • UISCE

19. UISCE, UISCE

Uisce, uisce,
Uisce glé,
Tá sé go deas,
Is maith liom é.

Uisce, uisce,
Uisce glé,
Tá sé go deas,
Is maith liom é.

WATER, WATER
*Water, water,
Clear water,
It is nice,
I like it.*

*Water, water,
Clear water,
It is nice,
I like it.*

The above phrases **"Tá sé go deas."**, **"Is maith liom é."** can be used in lots of other situations, e.g. cuddling Teddy, admiring a flower, a book or a piece of music, etc.

This rhyme could also be sung or recited when drinking water, making tea, washing dishes or perhaps at bath time.

20. TIMPEALL, TIMPEALL CASANN AN ROTH

Timpeall, timpeall casann an roth,
Timpeall, timpeall casann an roth,
Timpeall, timpeall casann an roth,
Roth ag casadh timpeall.

ROUND, AROUND THE WHEEL TURNS
*Round, around the wheel turns,
Round, around the wheel turns,
Round, around the wheel turns,
Wheel turning around.*

Adults, family members and caregivers should consider safety factors when children are anywhere near water. (Young children can drown in less than 6 cm of water.)

SAND • GAINEAMH

21. GAINEAMH MÍN RÉIDH

Gaineamh mín réidh,
Gaineamh mín réidh,
Líonfaidh mise an leoraí,
Leis an ngaineamh mín réidh.

SMOOTH FINE SAND
*Smooth fine sand,
Smooth fine sand,
I will fill the lorry,
With smooth fine sand.*

This rhyme is popular for sand play.
It can be adapted to whatever toy the child is playing with, e.g.
Líonfaidh mise an buicéad. (I will fill the bucket.)
Líonfaidh mise an cupán. (I will fill the cup.)
Líonfaidh mise an bosca. (I will fill the box.)
Líonfaidh mise an buidéal. (I will fill the bottle.), etc.
Playing with sand provides numerous opportunities to extend the child's vocabulary as the need arises.

PAINTING • AG PÉINTEÁIL

22. PÉINT IS SCUAB IS PÁIPÉAR

Péint is scuab is páipéar!
Péint is scuab is páipéar!
Déanfaidh mise pictiúr duit
Le péint is scuab is páipéar.

PAINT AND BRUSH AND PAPER
*Paint and brush and paper!
Paint and brush and paper!
I'll make a picture for you
With paint and brush and paper.*

This song can be sung as children paint at the easel or as adults and children prepare an area/table for an art activity.

PLAYDOUGH • TAOS SÚGARTHA

Working with playdough
Join the children (at their level) and sing the following song as you make a cake or bread with a piece of dough. Copy children's work – your cake/bread/pizza/should be the same as the children's and not 'better' than their work. In early childhood settings a small group activity could be planned to introduce these new rhymes.

23. DÉANFAIDH MÉ CÍSTE DEAS DUIT

Déanfaidh mé císte deas duit,
Déanfaidh mé císte deas duit,
Déanfaidh mé císte deas duit,
Trala lalalala la.

I'LL MAKE A NICE CAKE FOR YOU
*I'll make a nice cake for you,
I'll make a nice cake for you,
I'll make a nice cake for you,
Trala lalalala la.*

The words of the above song can also be adapted to:
Déanfaidh mé pizza deas duit,
Déanfaidh mé burgar deas duit.

Then when the cake/pizza is made you could adapt the above rhyme to:
Rinne mé císte deas duit, x3, **Tra la, etc.** I made a nice cake for you, etc.
Rinne mé pizza deas duit, x3, **Tra la, etc**. I made a nice pizza for you, etc.

If the child and adult are making a number of biscuits or buns, they could sing:
Déanfaidh mé brioscaí deasa, x 3, **Tra la, etc.** I'll make nice biscuits, etc.
Déanfaidh mé borróga deasa, x 3, **Tra la, etc.** I'll make nice buns, etc.

When the biscuits/buns are "baked" they could sing:
Rinne mé brioscaí deasa, x 3, **Tra la, etc.** I made nice biscuits, etc.
Rinne mé borróga deasa, x 3, **Tra la, etc.** I made nice buns, etc.

24. AG ROLLADH

Ag rolladh is ag rolladh is ag rolladh,
Ag rolladh is ag fuint an taois;
Ag rolladh is ag rolladh is ag rolladh,
Ag rolladh is ag fuint arís.

This is another rhyme for playdough.

ROLLING
*Rolling and rolling and rolling,
Rolling and kneading the dough;
Rolling and rolling and rolling,
Rolling and kneading again.*

CLAY • CRÉ

25. BRÚIGH IS FÁISC

Brúigh is fáisc,
Brúigh is fáisc,
Brúigh is fáisc
Is tarraing an chré.

TÁ MISE AG BUALADH NA CRÉ

Tá mise ag bualadh na cré,
Tá mise ag bualadh na cré,
A haon, dó, trí,
A haon, dó, trí,
A ceathair, a cúig, a sé.

These two rhymes are useful when the children are working with clay.

PRESS AND SQUEEZE

Press and squeeze,
Press and squeeze,
Press and squeeze
And pull the clay.

I AM BEATING/ POUNDING THE CLAY

I am beating/pounding the clay,
I am beating/pounding the clay,
One, two, three,
One, two, three,
Four, five, six.

BLOCK PLAY • AG SÚGRADH LE BRÍCÍ

It has been more than two hundred years since Friedrich Froebel introduced wooden shapes for children to explore, take apart, and put together. Since then, wooden blocks (hollow and modular) have been shown to enhance the development of young children in all domains.

26. TÁ MISE AG TÓGÁIL TÍ

Tá mise ag tógáil tí,
Tá mise ag tógáil tí,
Bríce anuas ar bhríce,
Tá mise ag tógáil tí.

This rhyme can be sung during block play.
It could also be adapted to:
Tá mise ag tógáil balla. (I am building a wall.), etc.

I AM BUILDING A HOUSE
I am building a house,
I am building a house,
Brick upon brick,
I am building a house.

27. TÁ LEORAÍ MÓR AG TEACHT

Tá leoraí mór ag teacht,
Tá leoraí mór ag teacht,
Fág an bealach, coinnigh isteach,
Tá leoraí mór ag teacht.

This is a rhyme for block play and indeed many other play activities (including imaginative play). It can be adapted to whatever toy vehicle the child is playing with, e.g. **Carr beag bán** (a little white car), **Carr beag buí** (a little yellow car), **Bus mór buí** (a big yellow bus), **Otharcharr** (ambulance), **Tarracóir** (tractor), **Tochaltóir** (digger), JCB, etc.

THERE IS A BIG LORRY COMING
There is a big lorry coming,
There is a big lorry coming,
Out of the way, keep in,
There is a big lorry coming.

28. TIMPEALL TIMPEALL

Timpeall! Timpeall! Rothaí an chairr,
Timpeall! Timpeall! Rothaí an chairr,
Timpeall! Timpeall! Rothaí an chairr,
Rothaí ag casadh timpeall!

Bíp! Bíp! Bíp! Ag adharc an chairr,
Bíp! Bíp! Bíp! Ag adharc an chairr,
Bíp! Bíp! Bíp! Ag adharc an chairr,
Géilligí don Bíp! Bíp!

ROUND AND ROUND
Round! Round!
The wheels on the car,
Round! Round!
The wheels on the car,
Round! Round!
The wheels on the car,
Wheels turning around!

Beep! Beep! Beep!
Goes the horn,
Beep! Beep! Beep!
Goes the horn,
Beep! Beep! Beep!
Goes the horn,
Yield to the Beep! Beep!

STORY TIME • AM SCÉALAÍOCHTA

29. LÉIFIDH MÉ SCÉILÍN DEAS DUIT

Léifidh mé scéilín deas duit,
Léifidh mé scéilín deas duit,
Léifidh mé scéilín deas duit,
Trala lalalala la.

This is a popular song/rhyme to sing to the children at story time.

I'LL READ A NICE LITTLE STORY FOR YOU
I'll read a nice little story for you,
I'll read a nice little story for you,
I'll read a nice little story for you,
Trala lalalala la.

Adults might bear in mind that it is not advisable to put pressure on children to repeat newly acquired words. Most young children will join in with you and use their new language when they choose to do so. In this regard, one can accept that the child knows best.

CIRCLE GAMES AND RHYMES
CLUICHÍ FÁINNEACHA AGUS RANNTA

CIRCLE GAMES AND RHYMES

Young children love group games like "Ring-a-ring-a-Rosie" and "Here we go round the mulberry bush". The following games are all to be found on the attached CDs. You will regularly find that the children will want to repeat these games over and over with adults.

In an early childhood setting some children might just like to watch. A child who chooses to play in another area or with a favourite toy will have one 'ear' to what is going on and will therefore benefit unconsciously from this rich linguistic experience.

31. CIORCAL MÓR

Ciorcal mór,
Ciorcal mór,
Timpeall timpeall,
Ciorcal mór.

Ciorcal mór,
Ciorcal mór,
Timpeall timpeall,
Ciorcal mór.

This is a simple rhyme for circle games.

You could ask the children to move closer and having made a smaller circle the rhyme would become:

Ciorcal beag,
Ciorcal beag,
Timpeall timpeall,
Ciorcal beag.

Ciorcal beag,
Ciorcal beag,
Timpeall timpeall,
Ciorcal beag.

A LARGE CIRCLE

A large circle,
A large circle,
Round and around,
A large circle.

A large circle,
A large circle,
Round and around,
A large circle.

A small circle,
A small circle,
Round and around,
A small circle.

A small circle,
A small circle,
Round and around,
A small circle.

32. ROILLE, ROILLE, RÁINNE

Roille, roille, ráinne
Timpeall linn i bhfáinne,
Ríleoró! Ríleoró!
Suas san aer le mo choisín ó!

Roille, roille, ráinne
Timpeall linn i bhfáinne,
Ríleoró! Ríleoró!
Suas san aer le mo choisín ó!

ROILLE, ROILLE, RÁINNE

*Roille, roille, ráinne
Around we go in a circle,
Ríleoró! Ríleoró!
Up in the air with
my little foot oh!*

*Roille, roille, ráinne
Around we go in a circle,
Ríleoró! Ríleoró!
Up in the air with
my little foot oh!*

This rhyme is for a *Ring-a-ring-a-rosie* type game. On the last line, the children raise one foot. Many of the children will overbalance and it is all good fun.

When the children are comfortable with this game you could ask them what other part of their bodies could they raise in the air? Follow up on all children's ideas. Keep an English-Irish dictionary to hand for new words you might need.

33. RING-A-RING-A-RÓSAÍ

Ring-a-ring-a-rósaí,
Buidéal lán de *phosies*,
Ceann duitse is ceann domsa
Is síos linn go léir.

Ring-a-ring-a-rósaí,
Buidéal lán de *phosies*,
Ceann duitse is ceann domsa
Is síos linn go léir.

RING-A-RING-A-ROSIE

*Ring-a-ring-a-rosie,
A bottle full of posies,
One for you and one for me
And we all go down.*

*Ring-a-ring-a-rosie,
A bottle full of posies,
One for you and one for me
And we all go down.*

TUNE: FRÈRE JACQUES

34. AINDÍ LEISCIÚIL

Aindí leisciúil, Aindí leisciúil,
I do luí, i do luí,
Tá sé in am bricfeasta,
Tá sé in am bricfeasta,
Bí 'do shuí, bí 'do shuí.

Aindí leisciúil, Aindí leisciúil,
I do luí, i do luí,
Tá sé in am bricfeasta,
Tá sé in am bricfeasta,
Bí 'do shuí, bí 'do shuí.

LAZY ANDY
*Lazy Andy, lazy Andy,
Lying down, lying down,
It is time for breakfast,
It is time for breakfast,
Get up, get up.*

*Lazy Andy, lazy Andy,
Lying down, lying down,
It is time for breakfast,
It is time for breakfast,
Get up, get up.*

Aindí Leisciúil can be recited/sung at home while gently bouncing a young child on your knee or it can be a very enjoyable group game in early childhood settings.

If children are ready they can role play: Andy wakes up and says:
"Bricfeasta." "Breakfast."
"Is maith liom bricfeasta." "I like breakfast."

35. CAPAILLÍNÍ AG ROTHLÚ

Capaillíní ag rothlú, ag rothlú, ag rothlú,
Capaillíní ag rothlú – timpeall linn go léir!
Capaillíní ag brostú, ag brostú, ag brostú,
Capaillíní ag brostú – timpeall linn go léir!
Capaillíní ag damhsa, ag damhsa, ag damhsa,
Capaillíní ag damhsa – timpeall linn go léir!
Capaillíní ag moilliú, ag moilliú, ag moilliú,
Capaillíní ag moilliú – timpeall linn go léir!

Capaillíní ag Rothlú (based on a merry-go-round idea) is another circle game.

A baby/toddler will have fun bouncing to the beat of this rhyme on an adult's knee.

PONIES CIRCLING
*Ponies circling, circling, circling,
Ponies circling – we all go around!
Ponies hurrying, hurrying, hurrying,
Ponies hurrying – we all go around!
Ponies dancing, dancing, dancing
Ponies dancing – we all go around!
Ponies slowing down, slowing down, slowing down,
Ponies slowing down – we all go around!*

36. ISTIGH SA ZÚ

Istigh sa Zú
Tá an Babaí Cangarú,
Léim anois,
Léim anois,
Léim anois go luath!

Istigh sa Zú
Tá an Mamaí Cangarú,
Léim anois,
Léim anois,
Léim anois go luath!

Istigh sa Zú
Tá an Daidí Cangarú,
Léim anois,
Léim anois,
Léim anois go luath!

INSIDE IN THE ZOO

*Inside in the Zoo
Is the Baby Kangaroo,
Jump now,
Jump now,
Jump now swiftly!*

*Inside in the Zoo
Is the Mammy Kangaroo,
Jump now,
Jump now,
Jump now swiftly!*

*Inside in the Zoo
Is the Daddy Kangaroo,
Jump now,
Jump now,
Jump now swiftly!*

Children love jumping around like kangaroos to this rhyme. It can also be used as a group game, see below:

When playing **Istigh sa Zú** as a circle game one child is chosen to be the baby *(Babaí)* and goes into the middle to jump like a kangaroo. The other children walk or skip around while singing *"Istigh sa Zú, tá an Babaí Cangarú"*. When it comes to *"Léim anois"*, everybody jumps with the child in the middle. For the second verse, another child is chosen as the Mammy (*Mamaí*) and the game starts again. The first child may stay in the centre with Mammy or may wish to join the outer circle. Another child is chosen as the Daddy (*Daidí*) in the third verse and so on.

Ask the children for ideas about other ways to play this game. Follow up on each child's idea. One child in a playgroup had the idea to have all the babies in one corner, all the Mammies in another, and all the Daddies in another. When they sang *"Istigh sa Zú, Tá an Babaí Cangarú"* – all the babies hopped out together into the centre of the room – then the Mammies and then the Daddies.

Another idea is to invite each child to jump into the circle by using their names, e.g. Adult: *"Anois Karen Cangarú. Let's sing together, Istigh sa Zú, tá Karen Cangarú..."* and so on until each child's name is mentioned.

Sometimes children might just like to watch.

37. SICÍN BEAG A CHUAIGH AMÚ

Sicín beag a chuaigh amú,
Bhí Mamaí bhocht ag gol, "bú, hú",
Tháinig Seán is fuair sé é,
Thug sé ar ais do Mhamaí é.

Ha ha ha! Hí hí hí!
Sicín beag is é 'na luí,
Ha ha ha! Hí hí hí!
Sicín beag is é 'na luí.

You might consider encouraging the children to make a game of **Sicín Beag a Chuaigh Amú**. Have some equipment – pictures of a Baby Chicken *(sicín)*, Mammy Hen *(mamaí cearc)* and Seán attached to lollipop sticks. Act out the story while singing.

If you wish, you could make a Picture Rhyme Card (see page 8). A good idea would be to have the card on the wall (at children's viewing height) a couple of days before introducing the rhyme.

Later you could invite the children to act as if they are the Mammy, the Baby Chicken, and Seán. Seán stands outside the circle to bring the chicken back to Mammy. You might of course end up with two or three Mammies, etc.!

A LITTLE CHICKEN THAT WENT MISSING

A little chicken that went missing,
Poor Mammy was crying, "boo, hoo",
Seán came and found it,
He gave it back to Mammy.

Ha ha ha! Hee hee hee!
A little chicken lying down,
Ha ha ha! Hee hee hee!
A little chicken lying down.

38. SEÁINÍN AR A ROTHAR

Seáinín ar a rothar
Chuaigh sé síos an bóthar
Seáinín ar a rothar
Aon, dó, trí.

Seáinín ar a rothar
Thit sé ar an mbóthar
Seáinín beag ag caoineadh
Aon, dó, trí.

Seáinín beag ag gáire
Ag imirt lena chairde
Seáinín beag ag gáire
Aon, dó, trí.

LITTLE SEÁN ON HIS BICYCLE

Little Seán on his bicycle
He went down the road
Little Seán on his bicycle
One, two, three.

Little Seán on his bicycle
He fell on the road
Little Seán crying
One, two, three.

Little Seán laughing
Playing with his friends
Little Seán laughing
One, two, three.

Seáinín ar a Rothar can be enjoyed as a simple story by toddlers or turned into a game with preschool children once they are familiar with the sounds and ideas. It could also be introduced with a Picture Rhyme Card (see page 8).

For the game, invite the children to form a circle. Ask the children to act as if they are riding a bicycle. Copy the children's actions. Explain that "we will move around in a circle riding our bikes". The playleader sings the words.

When the children are ready, move on to the second verse – falling off the bike and crying.

Then the third verse – laughing when Seáinín realises that he is not hurt.

It is a good idea to sit down with the children and talk about the activity. It is an opportunity to engage in meaningful conversation. Ask questions: "I wonder where Seáinín was going?", "I'm wondering how he fell off his bike?", "Why was he crying?", etc. Acknowledge each child's contribution and ideas.

This is an opportunity to use Irish words and vocabulary with the children who are able for this level of conversation.

Example:
Adult "What was he riding?"
Child "A bicycle".
Adult "Yes, a bicycle and the Irish word for bicycle is *rothar*. Who here has a *rothar*?".
Adam "I have one".
Adult "Tá *rothar* ag Adam". and so on. Mentioning each child's name.

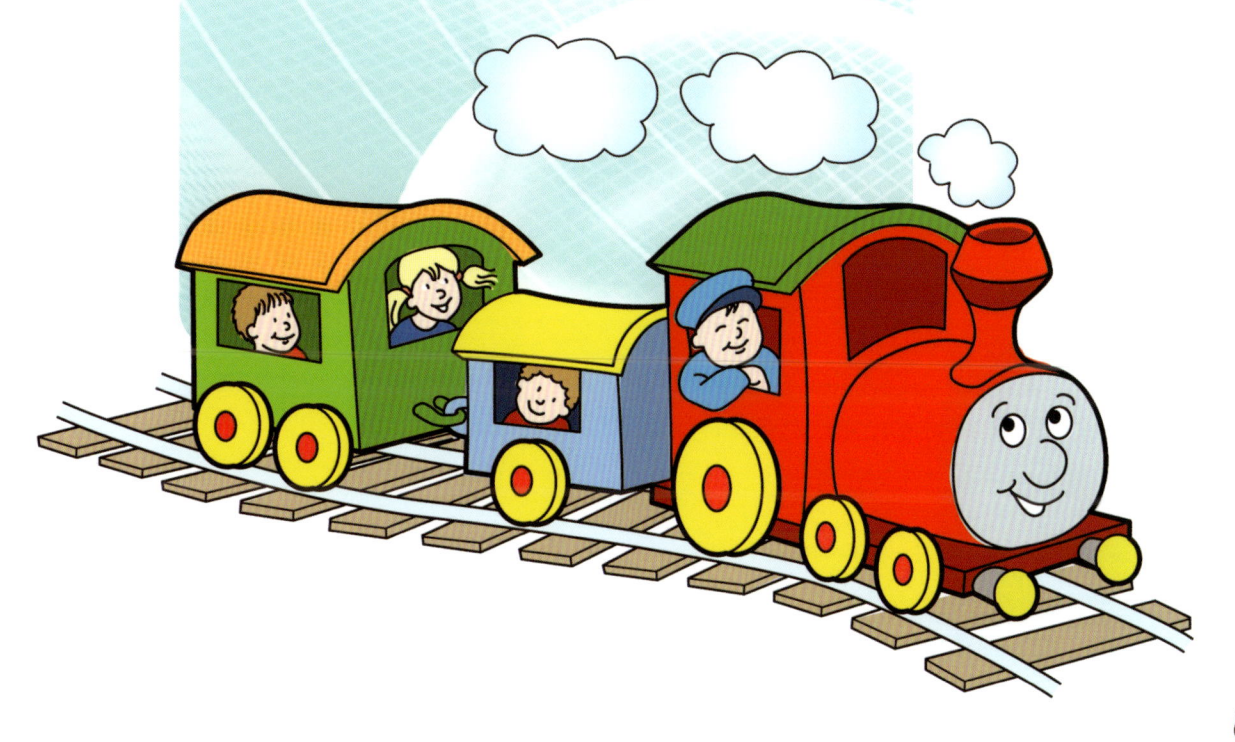

39. AN TRAEIN

Mise an Traein, puff-puff, puff-puff,
Mise an Madra, bhuf, bhuf, bhuf,
Mise an Bus, bíp-bíp, bíp-bíp,
Mise an Sicín, tsíp, tsíp, tsíp.

Mise an Traein, puff-puff, puff-puff,
Mise an Madra, bhuf, bhuf, bhuf,
Mise an Bus, bíp-bíp, bíp-bíp,
Mise an Sicín, tsíp, tsíp, tsíp.

THE TRAIN
*I am the Train,
puff-puff, puff-puff,
I am the Dog, woof, woof, woof,
I am the Bus, beep-beep, beep-beep,
I am the Chicken,
cheep, cheep, cheep.*

*I am the Train,
puff-puff, puff-puff,
I am the Dog, woof, woof, woof,
I am the Bus,
beep-beep, beep-beep,
I am the Chicken,
cheep, cheep, cheep.*

The above rhyme is a popular one with young children. In an early childhood setting it could be introduced with props e.g. a toy train, toy dog, toy bus and toy chicken (if possible have a few sets for children to play with). Children could also walk around in a circle doing actions e.g. barking for a dog, imitating a driver for the bus and doing an action with arms to indicate a chicken. The adults sing the song while walking with the children.

It may also be introduced with a Picture Rhyme Card (see page 8).

40. BUAIL DO BHOSA

Buail do bhosa,
Buail do bhosa,
Bosa beaga míne,
Buail do bhosa,
Buail do bhosa
Is gheobhaidh tú féirín Dé hAoine.

Buail do ghlúine,
Buail do ghlúine,
Glúine beaga míne,
Buail do ghlúine,
Buail do ghlúine
Is gheobhaidh tú féirín Dé hAoine.

Buail do chosa,
Buail do chosa,
Cosa beaga míne,
Buail do chosa,
Buail do chosa
Is gheobhaidh tú féirín Dé hAoine.

CLAP YOUR HANDS
*Clap your hands,
Clap your hands,
Smooth little hands,
Clap your hands,
Clap your hands
And you'll get a little gift on Friday.

Tap your knees,
Tap your knees,
Smooth little knees,
Tap your knees,
Tap your knees
And you'll get a little gift on Friday.

Tap your legs,
Tap your legs,
Smooth little legs,
Tap your legs,
Tap your legs
And you'll get a little gift on Friday.*

Buail do Bhosa is another action rhyme. Invite the children to sit in a circle and listen while the adult sings or recites the rhyme. Demonstrate the actions – clap your hands in the first verse, tap your knees in the second and tap your legs in the third.

41. LÁMHA, BOSA

Lámha, bosa, glúine, cosa;
Buail do bhosa ar do chosa.

Lámha, bosa, glúine, cosa;
Buail do bhosa ar do chosa.

HANDS, PALMS
*Hands, palms, knees, legs;
Tap your palms on your legs.

Hands, palms, knees, legs;
Tap your palms on your legs.*

42. BUAIL BOS

Buail bos,
Gread cos,
Cas timpeall
Is glac sos.

Buail bos,
Gread cos,
Cas timpeall
Is glac sos.

A variation on the above rhyme is:

Buail bos, buail bos, buail bos, buail bos,
Gread cos, gread cos, gread cos, gread cos,
Cas timpeall, cas timpeall, cas timpeall
Is glac sos.

This rhyme is very useful when it is time to finish a game session. Sing the song first. Demonstrate the actions (clap hands, stamp the feet, turn around and then sit down on the floor for a rest!). Invite the children to stand in a circle and do the actions with the words.

CLAP HANDS

*Clap hands,
Stamp feet,
Turn around
And take a rest.*

*Clap hands,
Stamp feet,
Turn around
And take a rest.*

Variation:

*Clap hands (x4),
Stamp feet (x4),
Turn around (x3)
And take a rest.*

43. CUIMIL DO BHOSA

Cuimil do bhosa,
Cuimil do bhosa,
Suas is síos!
Dún do lámha,
Oscail do lámha,
Dún is oscail arís!

Dorn ar dhorn,
Dorn ar dhorn,
Suas, suas, suas!
Is buail do bhosa,
Buail do bhosa,
Thuas, thuas, thuas!

RUB THE PALMS OF YOUR HANDS

*Rub your palms,
Rub your palms,
Up and down!
Close your hands,
Open your hands,
Close and open again!*

*Fist on fist,
Fist on fist,
Up, up, up!
And clap your hands,
Clap your hands,
Up above, up above, up above!*

44. SÍN DO LÁMHA

Sín do lámha suas thar do cheann,
Cas thart timpeall uair amháin,
Déan luascadh beag anonn is anall,
Is síos le do lámha, síos go mall!

Sín do lámha suas thar do cheann,
Cas thart timpeall uair amháin,
Déan luascadh beag anonn is anall,
Is síos le do lámha, síos go mall!

STRETCH YOUR HANDS

*Stretch your hands up over your head,
Turn around once,
Sway a little from side to side,
And down with your hands, down slowly!*

*Stretch your hands up over your head,
Turn around once,
Sway a little from side to side,
And down with your hands, down slowly!*

45. BULA BULA BÁISÍN

Bula bula báisín!
Bula bula báisín!
Síos libh, síos libh,
Síos libh go léir.

Cáit is Liam is Máire,
Is iad go léir ag gáire,
Síos libh, síos libh,
Síos libh go léir.

Beimid arís amárach
Ag imirt cluiche fáinneach,
Síos libh, síos libh,
Síos libh go léir.

BULA BULA BÁISÍN
Bula bula báisín!
Bula bula báisín!
Down you go, down you go,
Down you all go.

Cáit and Liam and Máire,
All laughing,
Down you go, down you go,
Down you all go.

Tomorrow we'll again be
Playing a circle game,
Down you go, down you go,
Down you all go.

This is a traditional "Ring-a-ring-a-rosie" type game.
At the end of each stanza "Síos libh go léir" the children crouch/sit down on the floor. In the second stanza individual children's names can be substituted and this stanza can be repeated until each child has been mentioned.

Suggestion for preschool leaders:
Bula Bula Báisín is very often used as a transition game before a Large Group/Circle Time activity. While waiting for the children to finish an activity and join the circle the Adult could lilt the melody with a *ba baba baba baa*. This would signal that it is Large Group/Circle Time. As the children arrive, hold hands and start singing the rhyme. Gradually everybody will join in when they are finished with their activities.

Some children prefer to watch initially and that is fine.

GREETINGS
BEANNACHTAÍ

GREETINGS

The welcome song **Fáilte Romhat** (page 47) is a popular routine song for greeting time. Children love to hear their name mentioned in a song, chant or rhyme. Using the same patterns each day builds confidence with language. Some practitioners and early childhood professionals choose to use Greeting Time as the children's first introduction to Irish.

The rhyme/song **Bainfidh mé díom mo Chóta** (page 48) can be recited or sung each time a child takes off his/her coat.

The words of **Bainfidh mé díom mo Chóta** recited upon arrival can also be adapted to: *Bainfidh mé díom mo hata* (I will take off my hat), *Bainfidh mé díom mo bhuataisí* (I will take off my boots), *Bainfidh mé díom mo bhróga* (I will take off my shoes), etc. It can also be used when coming in from the garden, after dressing up, etc. The melody and words can be adapted further to: *Cuirfidh mé orm mo naprún* (I will put on my apron).

Young children need consistency and familiarity to help them feel settled and secure. If the children hear the same language patterns and phrases regularly they will get to know the words very quickly and these will soon become a predictable part of the daily routine. Parents and childminders can also use these rhymes and songs in the home.

47. TÁ DUINE AG AN DORAS

Tá duine ag an doras,
Bing-bong! Bing-bong!
Tá duine ag an doras, Bing-bong!
Cé atá ansin ar maidin go moch?
"Is mise atá ann", arsa fear an phoist.
Bing-bong! Bing-bong! Bing-bong!

Tá duine ag an doras,
Bing-bong! Bing-bong!
Tá duine ag an doras, Bing-bong!
Cé atá ansin ar maidin go moch?
"Is mise atá ann", arsa bean an phoist.
Bing-bong! Bing-bong! Bing-bong!

This rhyme **Tá Duine ag an Doras** can be made into a game. The postman/postwoman could be outside the door/circle with a letter and invited in when the words *"Cé atá ansin ar maidin go moch?"* (Who is there so early in the morning?) are sung to deliver the letter. Of course you might have three or four postmen/postwomen and the more the merrier! Ensure each child who asks to be the postman or postwoman gets a chance. Toddlers also like this game!

THERE IS SOMEONE AT THE DOOR

*There is someone at the door,
Bing-bong! Bing-bong!
There is someone at the door,
Bing-bong!
Who is there so early in the morning?
"It is me", said the postman.
Bing-bong! Bing-bong! Bing-bong!*

*There is someone at the door,
Bing-bong! Bing-bong!
There is someone at the door,
Bing-bong!
Who is there so early in the morning?
"It is me", said the postwoman,
Bing-bong! Bing-bong! Bing-bong!*

GREETINGS

48. FÁILTE ROMHAT

Fáilte romhat a Chiara,
Fáilte romhat a Chiara,
Fáilte romhat a Chiara,
Tra-la lalalalala.

Fáilte romhat a Mháirtín,
Fáilte romhat a Mháirtín,
Fáilte romhat a Mháirtín,
Tra-la lalalalala.

Fáilte romhaibh a pháistí,
Fáilte romhaibh a pháistí,
Fáilte romhaibh a pháistí,
Tra-la lalalalala.

Fáilte romhat a... (aimn páiste),
Fáilte romhat a... (aimn páiste),
Fáilte romhat a... (aimn páiste),
Tra-la lalalalala.

The above song is useful for the morning greeting.

If the child is wearing new shoes you could recite the rhyme **Bróga Nua** (CD 1 Track No. 7).

BRÓGA NUA

Tice teaice tiú,
Fuair Colm bróga nua,
Tice teaice,
Tice teaice,
Tice teaice tiú.

YOU ARE WELCOME

*You are welcome Ciara,
You are welcome Ciara,
You are welcome Ciara,
Tra-la lalalalala.*

*You are welcome Máirtín,
You are welcome Máirtín,
You are welcome Máirtín,
Tra-la lalalalala.*

*You are welcome children,
You are welcome children,
You are welcome children,
Tra-la lalalalala.*

*You are welcome...
(insert child's name),
You are welcome...
(insert child's name),
You are welcome...
(insert child's name),
Tra-la lalalalala.*

NEW SHOES

*Tice teaice tiú,
Colm got new shoes,
Tice teaice,
Tice teaice,
Tice teaice tiú.*

49. BAINFIDH MÉ DÍOM MO CHÓTA

Bainfidh mé díom mo chóta,
Bainfidh mé díom mo chóta,
Bainfidh mé díom mo chóta,
Trala lalalala la.

Crochfaidh mé suas mo chóta,
Crochfaidh mé suas mo chóta,
Crochfaidh mé suas mo chóta,
Trala lalalala la.

I WILL TAKE OFF MY COAT

I will take off my coat,
I will take off my coat,
I will take off my coat,
Trala lalalala la.

I will hang up my coat,
I will hang up my coat,
I will hang up my coat,
Trala lalalala la.

GREETINGS

THE WEATHER
CÚRSAÍ AIMSIRE

THE WEATHER

In the home parents comment spontaneously on the weather to children. In an early childhood setting one can also refer to the weather naturally; when the children arrive, at greeting time, going outside or going home. Most early childhood settings have a weather poster on the wall at children's viewing height and the children and adults can refer to this also. Talk about the weather each day and have fun with the following phrases, weather songs and rhymes. Some of the simpler rhymes (pages 51-53) are especially useful with very young children.

VOCABULARY/PHRASES

51. LÁ BREÁ GRIANMHAR

Ó féachaigí a pháistí.
Féachaigí amach an fhuinneog.
Nach bhfuil an lá go hálainn!
Tá an ghrian ag taitneamh.
An rachaimid amach ag siúl sa ghairdín?
An mbeidh picnic againn sa ghairdín?

A FINE SUNNY DAY
Oh, look children.
Look out the window.
Isn't it a beautiful day!
The sun is shining.
Will we go out for a walk in the garden?
Will we have a picnic in the garden?

52. TÁ AN GHRIAN AG TAITNEAMH

Tá an ghrian ag taitneamh,
Tá an ghrian ag taitneamh,
Tá an ghrian ag taitneamh,
La la lala.

Tá an ghrian ag taitneamh,
Tá an ghrian ag taitneamh,
Tá an ghrian ag taitneamh,
Lala, lala, lala.

THE SUN IS SHINING
The sun is shining,
The sun is shining,
The sun is shining,
La la lala.

The sun is shining,
The sun is shining,
The sun is shining,
Lala, lala, lala.

53. TÁ AN LÁ GO hÁLAINN

Tá an lá go hálainn,
Tá an lá go hálainn,
Tá an lá go hálainn,
La la lala.

Tá an lá go hálainn,
Tá an lá go hálainn,
Tá an lá go hálainn,
Lala, lala, lala.

IT IS A LOVELY DAY
It is a lovely day,
It is a lovely day,
It is a lovely day,
La la lala.

It is a lovely day,
It is a lovely day,
It is a lovely day,
Lala, lala, lala.

VOCABULARY/PHRASES

54. LÁ FLIUCH

Ó, féachaigí a pháistí.
Féachaigí amach an fhuinneog.
Tá sé ag cur báistí. Tá sé fliuch.
Tá an féar fliuch.
Tá an cosán fliuch.
Caithfidh mé mo bhuataisí a chur orm.
Caithfidh mé mo chóta báistí a chur orm
agus an huda/an cochall a chur suas.

A WET DAY
Oh, look children.
Look out the window.
It is raining. It is wet.
The grass is wet.
The path is wet.
I must put on my boots.
I must put on my raincoat
and put up my hood.

55. BRAONACHA BÁISTÍ AG TITIM

Braonacha báistí ag titim,
ag titim, ag titim,
Braonacha báistí ag titim,
ag titim as an spéir.

This is adapted from **Calóga Sneachta ag Titim** (CD 1 Track No. 57).

RAINDROPS FALLING
Raindrops falling,
falling, falling,
Raindrops falling,
falling from the sky.

VOCABULARY/PHRASES

56. SNEACHTA

Ó, féachaigí a pháistí.
Féachaigí amach an fhuinneog.
Tá sé ag cur sneachta.
Tá calóga sneachta ag titim,
ag titim as an spéir.
Féachaigí ar an talamh,
brat bán ar an talamh.
Brat bog bán.
Nach aoibhinn, aoibhinn é!

SNOW
Oh, look children.
Look out the window.
It is snowing.
Snowflakes are falling,
falling from the sky.
Look at the ground,
a white cloak on the ground.
A soft white cloak.
Isn't it beautiful, beautiful!

THE WEATHER

57. CALÓGA SNEACHTA AG TITIM

Calóga sneachta ag titim,
ag titim, ag titim,
Calóga sneachta ag titim,
ag titim as an spéir.
Brat bog bán ar an talamh,
an talamh, an talamh,
Brat bog bán ar an talamh,
nach deas an brat bog é.
Calóga sneachta ag titim,
ag titim, ag titim,
Calóga sneachta ag titim,
ag titim as an spéir.

SNOWFLAKES FALLING
*Snowflakes falling,
falling, falling,
Snowflakes falling,
falling from the sky.
A soft white cloak on the ground,
the ground, the ground,
A soft white cloak on the ground,
isn't it a nice soft cloak.
Snowflakes falling,
falling, falling,
Snowflakes falling,
falling from the sky.*

58. AG SIÚL, AG SIÚL, AG SIÚL

Ag siúl, ag siúl, ag siúl,
Gan trup, gan torann, go ciúin.
Sneachta álainn glé,
Nach aoibhinn, aoibhinn é!

Parents can sing this little song with a child/children while walking in the snow. It can of course be sung indoors and outdoors during the day.

WALKING, WALKING, WALKING
*Walking, walking, walking,
Without din, without sound, quietly.
Beautiful bright snow,
Isn't it beautiful, beautiful!*

AG GLANADH AN tSEOMRA
CLEANING THE ROOM

CLEANING THE ROOM

Tidying or cleaning the room occurs quite regularly in the home and in early childhood settings. You can make this activity fun by singing one of the songs (CD 2 Track No. 4 or 5) and having a lighthearted approach to the task.

When ending an activity in a crèche or preschool setting many groups give a verbal ten-minute warning and then a five-minute warning. Some groups use a tambourine, or sleigh bells, or sing a song to signal 'clean up time'. Another idea is to familiarise the children with some instrumental music to ease the transition.

The phrases and rhymes on the following pages are helpful for 'clean up time'.

3. PHRASES

"Ó go bhfóire Dia orainn. Tá an áit trína chéile."
(Oh may God help us. The place is a mess.)

"Tá sé in am an seomra a ghlanadh, a pháistí"
(It's time to clean the room children.)

4. CAITHFIDH MÉ AN SEOMRA A GHLANADH

Caithfidh mé an seomra a ghlanadh,
Caithfidh mé an seomra a ghlanadh,
Caithfidh mé an seomra a ghlanadh,
Trala lalalala la.

It is a good idea to start humming the melody first and then add the words.

This rhyme can be adapted to:

Caithfidh mé an bord a ghlanadh,
Caithfidh mé an bord a ghlanadh,
Caithfidh mé an bord a ghlanadh,
Trala lalalala la.

If the window needs to be cleaned a variation could be:

Caithfidh mé an fhuinneog a ghlanadh,
Caithfidh mé an fhuinneog a ghlanadh,
Caithfidh mé an fhuinneog a ghlanadh,
Trala lalalala la.

If the floor needs to be cleaned a variation could be:

Caithfidh mé an t-urlár a ghlanadh,
Caithfidh mé an t-urlár a ghlanadh,
Caithfidh mé an t-urlár a ghlanadh,
Trala lalalala la.

I HAVE TO CLEAN THE ROOM
*I have to clean the room,
I have to clean the room,
I have to clean the room,
Trala lalalala la.*

*I have to clean the table,
I have to clean the table,
I have to clean the table,
Trala lalalala la.*

*I have to clean the window,
I have to clean the window,
I have to clean the window,
Trala lalalala la.*

*I have to clean the floor,
I have to clean the floor,
I have to clean the floor,
Trala lalalala la.*

5. RÉITÍMIS AN SEOMRA

Réitímis an seomra,
Réitímis an seomra,
Ó glanaimis, is cóirímis
Is réitímis an seomra!

Parents can easily introduce the above rhyme to a baby or toddler.

Another idea is to invite the children to move like robots during clean up time. The following rhyme is on CD 1 Track No. 5.

MISE DIC
Mise Dic,
An Róbó glic!
Clic-cleaic,
Clic-cleaic,
Clic-cleaic, clic!

LET'S TIDY THE ROOM
*Let's tidy the room,
Let's tidy the room,
Oh let's clean and
let's arrange
And let's tidy the room!*

I AM DICK
*I am Dick,
The clever Robot!
Clic-cleaic,
Clic-cleaic,
Clic-cleaic, clic!*

WASHING AND DRYING HANDS
LÁMHA A NÍ AGUS A THRIOMÚ

WASHING AND DRYING HANDS

Children have to wash their hands very often. Many parents and playleaders like to start introducing Irish at hand washing time with the following simple rhymes. These songs and rhymes can be quickly learned and recited during this regular activity.

*Parents, of course, can also easily sing or recite these rhymes with a baby or toddler.

7. CAITHFIDH MÉ MO LÁMHA A NÍ

Rhyme:
Aon, dó, aon dó trí,
Caithfidh mé mo lámha a ní.
Aon, dó, aon dó trí,
Caithfidh mé mo lámha a ní.

Song:
Aon, dó, aon dó trí,
Caithfidh mé mo lámha a ní.
Aon, dó, aon dó trí,
Nífidh mé mo lámha.

I HAVE TO/MUST WASH MY HANDS

Rhyme:
One, two, one two three,
I have to/must wash my hands.
One, two, one two three,
I have to/must wash my hands.

Song:
One, two, one two three,
I have to/must wash my hands.
One, two, one two three,
I will wash my hands.

Parents can adapt this song/rhyme at bath time for young babies and toddlers to:

Caithfidh mé mo chos' a ní. (I have to/must wash my feet/legs.)
Caithfidh mé mo ghlúine a ní. (I have to/must wash my knees.)
Caithfidh mé mo chluasa a ní. (I have to/must wash my ears.)
Caithfidh mé mo shúile a ní. (I have to/must wash my eyes.)
Caithfidh mé mo mhéara a ní. (I have to/must wash my fingers.)
… **mo ghruaig a ní** (my hair), … **m'aghaidh a ní** (my face),
… **m'fhiacla a ní** (my teeth), … **mo ghuaillí a ní** (my shoulders).

TUNE: I HAVE A BONNET TRIMMED WITH BLUE

8. FÉACH AR MO LÁMHA

Féach ar mo lámha,
A haon, a dó,
Tá siad salach,
Ó bhó, bhó!
Féach ar mo lámha,
A haon, a dó,
Tá siad salach,
Ó bhó, bhó!

LOOK AT MY HANDS

Look at my hands,
One, two,
They are dirty,
Oh dear, dear!
Look at my hands,
One, two,
They are dirty,
Oh dear, dear!

9. NIGH NA LÁMHA

Nigh na lámha,
Nigh na lámha,
Lámha beaga míne,
Nigh na lámha,
Nigh na lámha
Is gheobhaidh tú féirín Dé hAoine.

This song can be sung while the hands are being washed.

Phrases:
"Nigh mé mo lámha. Tá siad go deas glan anois."
(I washed my hands, they are nice and clean now.)
"Triomaigh anois iad. Maith an buachaill tú féin."
(Dry them now. Good boy yourself.)

WASH THE HANDS
Wash the hands,
Wash the hands,
Smooth little hands,
Wash the hands,
Wash the hands
And you'll get a little gift on Friday.

10. TRIOMAIGH NA LÁMHA

Triomaigh na lámha,
Triomaigh na lámha,
Lámha beaga míne,
Triomaigh na lámha,
Triomaigh na lámha
Is gheobhaidh tú féirín Dé hAoine.

The playgroup leader/parent may ask:
"An bhfuil do lámha fliuch anois?"
(Are your hands wet now?)
Leader and child:
"Níl, tá siad tirim."
(No, they are dry.) – is the final verdict.

These little phrases, if used consistently, will give a basis to build on in other situations, e.g. if water is spilled on the floor – *tá sé fliuch* (it is wet) or if the child has been playing in the water – *tá mo lámha/mo chosa/mo bhróga/mo stocaí fliuch* (my hands/my feet/my shoes/my socks are wet); or if a drink is spilled at lunchtime – *tá an bord fliuch* (the table is wet). And if the child is talking about his/her painting – *tá an phéint fliuch* (the paint is wet).

DRY THE HANDS
Dry the hands,
Dry the hands,
Smooth little hands,
Dry the hands,
Dry the hands
And you'll get a little gift on Friday.

61

11. TÁ MO LÁMHA GLAN

Tá mo lámha glan,
Tá mo lámha glan,
Hé hó mo Dhaidí ó,
Tá mo lámha glan.

Tá mo lámha glan,
Tá mo lámha glan,
Hé hó mo Mhamaí ó,
Tá mo lámha glan.

Foclóir nach bhfuil ar an CD.

Caithfidh mé mo lámha a ní.
Caithfimid ár lámha a ní.

Tá mo lámha salach.
Tá ár lámha salach.

Uisce
Gallúnach

Tá an t-uisce te.
Tá an t-uisce fuar.

Nigh do lámha.
Nígí bhur lámha.

Tá mo lámha fliuch.
Tá ár lámha fliuch.

Triomaigh do lámha.
Triomaígí bhur lámha.

Tá mo lámha tirim.
Tá ár lámha tirim.

Cuimil do lámha.
Cuimlígí bhur lámha.

MY HANDS ARE CLEAN

*My hands are clean,
My hands are clean,
Hé hó my Daddy oh,
My hands are clean.*

*My hands are clean,
My hands are clean,
Hé hó my Mammy oh,
My hands are clean.*

Vocabulary not on the CD.

*I have to wash my hands.
We have to wash our hands.*

*My hands are dirty.
Our hands are dirty.*

Water
Soap

The water is hot.
The water is cold.

Wash your hands.
Wash your hands. (you plural)

My hands are wet.
Our hands are wet.

Dry your hands.
Dry your hands. (you plural)

My hands are dry.
Our hands are dry.

Rub your hands.
Rub your hands. (you plural)

HAVING A REST
AG GLACADH SOSA

HAVING A REST

The lullaby *(suantraí)* is well established in the Irish musical tradition. Soothing music, rhymes and songs which express feelings of love, give pleasure and security to young children. Parents have sung lullabies to children over the centuries. This reciprocal interaction creates a happy bond between children and adults. The lyrics for the rhyme **Tá Mé Tuirseach** (page 65) can be sung to the air of the popular French song *Frère Jacques*. The children will delight in the sounds, tone and rhythm of the language. Adults in an early childhood setting are also presented with a wonderful opportunity to sing a lullaby or recite one of the following rhymes with the children.

Alternatively, they can enjoy listening to the introductory music on the CD or to the traditional lullaby *Éiníní* (page 66).

TUNE: FRÈRE JACQUES

13. TÁ MÉ TUIRSEACH

Tá mé tuirseach,
Tá mé tuirseach,
Ó bhó bhó. Ó bhó bhó.
Rachaidh mé a chodladh,
Rachaidh mé a chodladh,
Leo, leo, leo.
Leo, leo, leo.

Phrase: *"Ó tá mé tuirseach anois."* (I am tired now.)

I AM TIRED
*I am tired,
I am tired,
Oh dear dear. Oh dear dear.
I will go to sleep,
I will go to sleep,
Leo, leo, leo.
Leo, leo, leo.*

TUNE: OH MY DARLING CLEMENTINE

14. TÉIGH A CHODLADH

Téigh a chodladh, téigh a chodladh,
Téigh a chodladh anois go fóill,
Téigh a chodladh, téigh a chodladh,
Dún do shúile anois, a stór!

Phrases:
"Ssh! Ssh! Tá Colm ina chodladh. (Colm is asleep.)
Tá Brian ina chodladh. (Brian is asleep.)
Tá Aoife ina codladh. (Aoife is asleep.)
Níl Orla ina codladh fós. (Orla isn't asleep yet.)
Á, go deas! Tá gach uile dhuine ina chodladh anois.
(Ah nice! Everyone is asleep now.)"

GO TO SLEEP
*Go to sleep, go to sleep,
Go to sleep now,
Go to sleep, go to sleep,
Close your eyes now,
darling!*

15. DÚN DO SHÚILE

Dún do shúile
A ghrá mo chroí,
Téigh a chodladh
Is lig do scíth;
Dún do shúile,
Dún iad a ghrá,
Téigh a chodladh
Go dtiocfaidh an lá.

CLOSE YOUR EYES
*Close your eyes
Darling,
Go to sleep
and have a rest;
Close your eyes,
Close them love,
Go to sleep
until day comes.*

16. ÉINÍNÍ

Éiníní, éiníní,
Codlaígí, codlaígí,
Éiníní, éiníní,
Codlaígí, codlaígí.

Codlaígí, codlaígí,
Cois an chlaí 'muigh,
Cois an chlaí 'muigh,
Codlaígí, codlaígí,
Cois an chlaí 'muigh,
Cois an chlaí 'muigh.

Éiníní, éiníní,
Codlaígí, codlaígí,
Éiníní, éiníní,
Codlaígí, codlaígí.
An lon dubh 's an fiach dubh,
Téigí 'chodladh, téigí 'chodladh,
An chéirseach 's an préachán,
Téigí 'chodladh, téigí 'chodladh.

Éiníní, éiníní,
Codlaígí, codlaígí,
Éiníní, éiníní,
Codlaígí, codlaígí,
An spideog 's an fhuiseog,
Téigí 'chodladh, téigí 'chodladh,
An dreoilín 's an smóilín,
Téigí 'chodladh, téigí 'chodladh.

Éiníní, éiníní,
Codlaígí, codlaígí,
Éiníní, éiníní,
Codlaígí, codlaígí.

Éiníní is a traditional lullaby.

LITTLE BIRDS

*Little birds, little birds,
Sleep, sleep,
Little birds, little birds,
Sleep, sleep.*

*Sleep, sleep,
By the hedge/ditch outside,
By the hedge/ditch outside,
Sleep, sleep,
By the hedge/ditch outside,
By the hedge/ditch outside.*

*Little birds, little birds,
Sleep, sleep,
Little birds, little birds,
Sleep, sleep.
The blackbird and the raven,
Go to sleep, go to sleep,
The song thrush and the crow,
Go to sleep, go to sleep.*

*Little birds, little birds,
Sleep, sleep,
Little birds, little birds,
Sleep, sleep.
The robin and the lark,
Go to sleep, go to sleep,
The wren and the little thrush,
Go to sleep, go to sleep.*

*Little birds, little birds,
Sleep, sleep,
Little birds, little birds,
Sleep, sleep.*

HAVING A REST

LUNCHTIME
AM LÓIN

LUNCHTIME

It is important for adults to sit down and eat with children at mealtimes. In early childhood settings, lunchtime is one of the most important social events of the day with the whole group (adults and children) totally engrossed in the same activity. This gives the adults opportunities to have a relaxed conversation with children and to support their interests and ideas. It is also an ideal opportunity to use some Irish.

In order to ease the transition from play/work activities to lunchtime, the group could sing one of the following rhymes (18, 19 or 20) before sitting down.

18. 'BHFUIL SÉ IN AM LÓIN?

'Bhfuil sé in am lóin,
in am lóin, in am lóin?
'Bhfuil sé in am lóin?
Níl go fóill.

(Maybe there is a little more tidying up to be done!)

'Bhfuil sé in am lóin,
in am lóin, in am lóin?
'Bhfuil sé in am lóin?
Tá a stór.

A phrase not on the CD:
Adult: **"Tá sé in am lóin, a pháistí."**
(Children, it is time for lunch.)

IS IT LUNCHTIME?

*Is it lunchtime,
lunchtime, lunchtime?
Is it lunchtime?
Not yet.*

*Is it lunchtime,
lunchtime, lunchtime?
Is it lunchtime?
It is love.*

19. TÁ TART IS OCRAS ORM ANOIS

Tá tart is ocras orm anois,
Orm anois, orm anois;
Tá tart is ocras orm anois,
Ba mhaith liom suí chun boird don lón.

I AM THIRSTY AND HUNGRY NOW

*I am thirsty and hungry now,
Now, now;
I am thirsty and hungry now,
I would like to sit at the table for lunch.*

69

TUNE: I'LL TELL ME MA

20. DING DONG DÓ

Ding dong dó,
Ding dong dó,
Is maith liom arán
Is úll don lón.
Ding dong dó,
Ding dong dó,
Úll is cáis
Is cúpla cnó!

DING DONG DÓ
*Ding dong dó,
Ding dong dó,
I like bread
and apple for lunch.
Ding dong dó,
Ding dong dó,
Apple and cheese
And a couple of nuts!*

This song can be adapted to include all the usual food items the children eat for lunch.

Remember that nuts can be highly dangerous for some children and adults.

The following rhyme on CD 1 Track No. 19 can be sung as children are having a drink of water.

UISCE, UISCE

Uisce, uisce,
Uisce glé,
Tá sé go deas,
Is maith liom é.

WATER, WATER
*Water, water,
Clear water,
It is nice,
I like it.*

This song can be adapted as follows:

Uisce, uisce,
Uisce glé,
Tá tart orm,
Is maith liom é.

*Water, water,
Clear water,
I am thirsty,
I like it.*

LUNCHTIME

21. TÁ ÚLL BEAG DEAS AGAM

Tá úll beag deas agam,
A thug mo Mhamaí dom,
Is maith liom é,
Is breá liom é,
Yummaí, Yummaí, Yum!

This rhyme can also be adapted to include all the various foods the children eat for lunch.

I HAVE A NICE SMALL APPLE
*I have a nice small apple,
Which my Mammy gave me,
I like it,
I love it,
Yummy, Yummy, Yum!*

22. SCIAN, SCIAN

Scian, scian,
Tá sí géar,
Tá sí géar,
Seachain do mhéar!

This rhyme **Scian, Scian** can be recited in the home or used during a small group activity in an early childhood setting.

A KNIFE, A KNIFE
*A knife, a knife,
It is sharp,
It is sharp,
Mind your finger!*

23. SIOSÚR, SIOSÚR

Siosúr, siosúr,
Tá sé géar,
Tá sé an-ghéar,
Seachain do mhéar!

A rhyme to say when using a scissors.

A SCISSORS, A SCISSORS
*A scissors, a scissors,
It is sharp,
It is very sharp,
Mind your finger!*

FESTIVALS AND CELEBRATIONS
FÉILTE AGUS ÓCÁIDÍ CEILIÚRTHA

FESTIVALS AND CELEBRATIONS

Birthdays are very special days for everyone (children and adults) and are of course celebrated in playgroups, childcare centres and schools and homes. Nature could be connected to the month of the child's birthday, e.g. September (*Mí Mheán Fómhair*), blackberries (*sméara dubha*); January (*Mí Eanáir*), snowdrops (*plúiríní sneachta*); and February (*Mí Feabhra)*, daffodils (*lusanna an chromchinn*) etc.

Children's birthdays can be written in on each month of a Birthday Calendar/Birthday Chart. If there is a month without a birthday, Teddy's or a toy's name can be written in. The Calendar/Chart should be hung at children's viewing height.

BIRTHDAY • BREITHLÁ

25. INNIU LÁ BREITHE CHLÍONA

Inniu lá breithe Chlíona.
Tá sí ceithre bliana.

The rhyme *Tá Clíona Ceithre Bliana Inniu* is a popular verse to start off the celebrations:

TÁ CLÍONA CEITHRE BLIANA INNIU

Tá Clíona ceithre bliana inniu,
Tá Clíona ceithre bliana inniu,
Tá Clíona ceithre bliana,
Tá Clíona ceithre bliana,
Tá Clíona ceithre bliana inniu.

TODAY IS CLÍONA'S BIRTHDAY
Today is Clíona's birthday.
She is 4 years old.

CLÍONA IS FOUR YEARS OLD TODAY
Clíona is four years old today,
Clíona is four years old today,
Clíona is four years old,
Clíona is four years old,
Clíona is four years old today.

Substitute the birthday child's name on his/her actual birthday:

Tá Karen trí bliana inniu, etc. (Karen is three years old today, etc.)
Tá .... ceithre bliana inniu, etc. (......... is four years old today, etc.)
Tá .... cúig bliana inniu, etc. (......... is five years old today, etc.)
Tá .... sé bliana inniu, etc. (......... is six years old, etc.)

seacht mbliana (seven), *ocht mbliana* (eight),
naoi mbliana (nine), *deich mbliana* (ten)

26. LÁ BREITHE FAOI SHÉAN

And of course not forgetting the traditional *Happy Birthday* song.

Lá breithe faoi shéan,
Lá breithe faoi shéan,
Lá breithe faoi shéan duit,
Lá breithe faoi shéan.

HAPPY BIRTHDAY
Happy Birthday,
Happy Birthday,
Happy Birthday to you,
Happy Birthday.

OÍCHE SHAMHNA • HALLOWE'EN

27. OÍCHE SHAMHNA
TUNE: FRÉRE JACQUES

Oíche Shamhna,
Oíche Shamhna,
Féasta mór,
Féasta mór,
Úlla is oráistí,
Úlla is oráistí,
Banan' is cnó',
Banan' is cnó'.

HALLOWE'EN
Hallowe'en,
Hallowe'en,
A big feast,
A big feast,
Apples and oranges,
Apples and oranges,
Bananas and nuts,
Bananas and nuts.

As the Hallowe'en festival approaches, have a basket of apples (*úlla*), oranges (*oráistí*) and bananas (*bananaí*). Introduce the Irish words gradually in the lead up to this rhyme.

> Remember that nuts can be highly dangerous for some children and adults.

28. OÍCHE SHAMHNA, BAIRÍN BREAC

Oíche Shamhna is bairín breac,
Fáinne is cnónna sa bhairín breac,
Oíche Shamhna, bairín breac,
Is maith liom Oíche Shamhna.

HALLOWE'EN, BARMBRACK
Hallowe'en and a barmbrack,
A ring and nuts in the barmbrack,
Hallowe'en, a barmbrack,
I like Hallowe'en.

For this rhyme have a barmbrack *(bairín breac)* and a ring *(fáinne)*.

CD 2

AN NOLLAIG • CHRISTMAS

29. TÁ AN NOLLAIG BUAILTE LINN

TUNE: JINGLE BELLS

Bualadh bos, bualadh bos,
Bualadh bos go léir;
Tá San Nioclás ag teacht anois,
Anuas an simléar.
Ó, bualadh bos, bualadh bos,
Bualadh bos go léir;
Tá San Nioclás ag teacht anois,
Anuas an simléar.

Tá an Nollaig buailte linn,
Tá áthas mór san aer,
Tá sneachta geal ar talamh,
Tá réaltóga sa spéir,
Táimidne ag dul a chodladh,
Is tá ár stocaí réidh,
Tá San Nioclás ag teacht anois,
Anuas an simléar.

Bualadh bos, bualadh bos,
Bualadh bos go léir;
Tá San Nioclás ag teacht anois,
Anuas an simléar.
Ó, bualadh bos, bualadh bos,
Bualadh bos go léir;
Tá San Nioclás ag teacht anois,
Anuas an simléar.

CHRISTMAS IS HERE

*Clap hands, clap hands,
Everybody clap hands;
Santa Claus is coming now,
Down the chimney.
Oh, clap hands, clap hands,
Everybody clap hands;
Santa Claus is coming now,
Down the chimney.*

*Christmas is here,
There is wonder in the air,
There is bright snow on the ground,
There are stars in the sky,
We are going asleep,
And our socks are ready,
Santa Claus is coming now,
Down the chimney.*

*Clap hands, clap hands,
Everybody clap hands;
Santa Claus is coming now,
Down the chimney.
Oh, clap hands, clap hands,
Everybody clap hands;
Santa Claus is coming now,
Down the chimney.*

FESTIVALS AND CELEBRATIONS

Most early childhood settings start with just the chorus for the ever popular **Bualadh Bos** to the air of *Jingle Bells.* The children will instantly recognise the tune and sing along with you. If possible have a chimney *(simléar)* made from a cardboard box, or empty milk carton, and a toy Santa to demonstrate San Nioclás going down the chimney. Ideally each child should have a chimney and a small Santa.

30. MAINSÉAR BEAG

Mainséar beag,
Báibín ina luí,
Sin é Íosa
mo chomrádaí.
Mainséar beag,
Báibín ina luí,
Sin é Íosa
mo chomrádaí.

Leo-leo-ín,
Leo-ó-leo-ó-ín,
Páistín Rí
ina luí sa tuí.

Leo-leo-ín,
Leo-ó-leo-ó-ín,
Páistín Rí
ina luí sa tuí.

A LITTLE MANGER

*A little manger,
A baby asleep,
That is Jesus
my companion.
A little manger,
A baby asleep,
That is Jesus
my companion.*

*Leo-leo-ín,
Leo-ó-leo-ó-ín,
The Child King
lying in the straw.*

*Leo-leo-ín,
Leo-ó-leo-ó-ín,
The Child King
lying in the straw.*

31. STOCAÍ BEAGA BÁNA

Stocaí beaga bána,
Stocaí beaga buí,
Stocaí ar gach leaba
Is na leanaí ina luí.

Fol-di did-il dé-ró,
Fol-di did-il dí,
Stocaí beaga bána,
Stocaí beaga buí.

LITTLE WHITE SOCKS

*Little white socks,
Little yellow socks,
Socks on each bed
And the children are
asleep.*

*Fol-di did-il dé-ró,
Fol-di did-il dí,
Little white socks,
Llittle yellow socks.*

If possible have a bed (perhaps made from a shoe box) and some little white and yellow socks and introduce the Irish words gradually in the lead up to this rhyme.

CULTURAL CELEBRATION DAYS • LAETHANTA CULTÚRTHA

32. TÁ FÉILE SPEISIALTA INNIU

Tá féile speisialta inniu,
Tá féile speisialta inniu,
Tá féile speisialta,
Tá féile speisialta,
Tá féile speisialta inniu.

THERE IS A SPECIAL FESTIVAL TODAY
*There is a special festival today,
There is a special festival today,
There is a special festival,
There is a special festival,
There is a special festival today.*

This rhyme/song can be used for any cultural celebration such as National Days, Independence Days or other internationally recognised events. It can also, of course, be sung for anniversaries and birthday celebrations.

ST. PATRICK'S DAY • LÁ 'LE PÁDRAIG

33. IS MAITH LIOM AN tSEAMRÓG

TUNE: THE BAULD THADY QUILL

Is maith liom an tseamróg,
an tseamróg, an tseamróg.
Is maith liom an tseamróg
an planda beag glas.
Tá trí dhuilleog bheaga
le chéile, le chéile.
Tá trí dhuilleog bheaga
le chéile ar ghas.

I LIKE THE SHAMROCK
*I like the shamrock,
the shamrock, the shamrock.
I like the shamrock,
the little green plant.
There are three little leaves,
together, together.
There are three little leaves,
together on a stem.*

St. Patrick's Day is Ireland's National Day celebrated at home and abroad. The lead up to this event will not escape the children's notice. As you plan curriculum activities in the run up to St. Patrick's Day you could use the above and following rhyme.

FESTIVALS AND CELEBRATIONS

TUNE: OH MY DARLING CLEMENTINE

34. LÁ 'LE PÁDRAIG, LÁ 'LE PÁDRAIG

Lá 'le Pádraig, Lá 'le Pádraig,
Lá 'le Pádraig, Hip Hurae!
Bí ag seinm, bí ag mairseáil,
Lá 'le Pádraig, Hip Hurae!

Invite the children to march around in a circle. Start the marching activity first and then introduce the rhyme.

The above rhyme can be adapted to
Bí ag léimneach (let's jump);
Bí ag damhsa (let's dance);
Bí ag siúl (let's walk);
Bí ag luascadh (let's sway/swing).

For example:

Lá 'le Pádraig, Lá 'le Pádraig,
Lá 'le Pádraig, Hip Hurae!
Bí ag léimneach, bí ag léimneach,
Lá 'le Pádraig, Hip Hurae!

ST. PATRICK'S DAY, ST. PATRICK'S DAY

St. Patrick's Day,
St. Patrick's Day,
St. Patrick's Day,
Hip, Hurray!
Let's play music,
Let's march,
St. Patrick's Day,
Hip Hurray!

St. Patrick's Day,
St. Patrick's Day,
St. Patrick's Day,
Hip, Hurray!
Let's jump, let's jump,
St. Patrick's Day,
Hip Hurray!

FAMILY OCCASIONS • ÓCÁIDÍ TEAGHLAIGH

35. CÁRTA DEAS DO MHAMAÍ

Cárta deas do Mhamaí,
do Mhamaí, do Mhamaí,
Cárta deas do Mhamaí,
le póg agus grá.

Féirín deas do Mhamaí,
do Mhamaí, do Mhamaí,
Féirín deas do Mhamaí,
le póg agus grá.

A NICE CARD FOR MAMMY
*A nice card for Mammy,
for Mammy, for Mammy,
A nice card for Mammy,
with a kiss and love.*

*A nice gift for Mammy,
for Mammy, for Mammy,
A nice gift for Mammy,
with a kiss and love.*

36. CÁRTA DEAS DO DHAIDÍ

Cárta deas do Dhaidí,
do Dhaidí, do Dhaidí,
Cárta deas do Dhaidí,
le póg agus grá.

Féirín deas do Dhaidí,
do Dhaidí, do Dhaidí,
Féirín deas do Dhaidí,
le póg agus grá.

A NICE CARD FOR DADDY
*A nice card for Daddy,
for Daddy, for Daddy,
A nice card for Daddy,
with a kiss and love.*

*A nice gift for Daddy,
for Daddy, for Daddy,
A nice gift for Daddy,
with a kiss and love.*

The above rhyme can be adapted as follows:

*Pictiúr deas do Mhamaí/do Dhaidí,
do Mhamaí, do Mhamaí,
Pictiúr deas do Mhamaí,
le póg agus grá.*

A nice picture for Mammy/Daddy,
for Mammy, for Mammy,
a nice picture for Mammy,
with a kiss and love.

*Cárta/Pictiúr deas
do Mhamó* (for Granny),
do Dhaideo (for Grandad).

FESTIVALS AND CELEBRATIONS

EASTER • AN CHÁISC

37. TÁ TRÍ UBH SA NEAD

Tá trí ubh sa nead,
Tá trí ubh sa nead,
Gugalaí, gug,
Is gugalaí, gug,
Is gugalaí, gugalaí, gug.

Tá dhá ubh sa nead,
Tá dhá ubh sa nead,
Gugalaí, gug,
Is gugalaí, gug,
Is gugalaí, gugalaí, gug.

Tá ubh amháin sa nead,
Tá ubh amháin sa nead,
Gugalaí, gug,
Is gugalaí, gug,
Is gugalaí, gugalaí, gug.

Níl ubh ar bith sa nead,
Níl ubh ar bith sa nead,
Gugalaí, gug,
Is gugalaí, gug,
Is gugalaí, gugalaí, gug.

A Picture Rhyme Card for each of the above occasions will provide children with the opportunity to choose their favourite rhyme at Circle/Large Group Time, (see page 8).

THERE ARE THREE EGGS IN THE NEST

*There are three eggs in the nest,
There are three eggs in the nest,
Gugalaí, gug,
And gugalaí, gug,
And gugalaí, gugalaí, gug.*

*There are two eggs in the nest,
There are two eggs in the nest,
Gugalaí, gug,
And gugalaí, gug,
And gugalaí, gugalaí, gug.*

*There is one egg in the nest,
There is one egg in the nest,
Gugalaí, gug,
And gugalaí, gug,
And gugalaí, gugalaí, gug.*

*There are no eggs in the nest,
There are no eggs in the nest,
Gugalaí, gug,
And gugalaí, gug,
And gugalaí, gugalaí, gug.*

OUTDOORS LASMUIGH

OUTDOORS

Every outing can be a learning experience. You can introduce/expose children to a new language while comparing leaves and sea shells; playing with sand; planting bulbs and sowing seeds; counting apples; counting acorns; classifying different birds, flowers, snails or anything that interests the children. Have a small pocket English-Irish dictionary to hand for any new words needed.

Rhymes 39 to 41 could be considered for the transition from indoor activities to outdoor activities. Start by lilting the tune and as children join you, sing the song as you go outside.

These are enjoyable songs/rhymes for parents and grandparents when going outside with a young child.

TUNE: HERE WE GO ROUND THE MULBERRY BUSH

39. SEO LINN AMACH

Seo linn amach,
Amach ag siúl,
Amach ag siúl,
Amach ag siúl,
Seo linn amach,
Amach ag siúl,
Amach ag siúl le chéile.

LET'S GO OUTSIDE
Let's go outside,
Out walking,
Out walking,
Out walking,
Let's go outside,
Out walking,
Walking outside together.

40. AMACH GO MALL

Amach, amach, amach go mall,
Amach, amach, amach go mall,
Amach, amach, amach go mall,
Agus beimid amuigh ar ball.

GOING OUT SLOWLY
Going out, out, out slowly,
Going out, out, out slowly,
Going out, out, out slowly,
And we'll be outside in a while.

41. ISTEACH GO MALL

Isteach, isteach, isteach go mall,
Isteach, isteach, isteach go mall,
Isteach, isteach, isteach go mall,
Agus beimid istigh ar ball.

COMING IN SLOWLY
Coming in, in, in slowly,
Coming in, in, in slowly,
Coming in, in, in slowly,
We'll be inside in a while.

42. AR AN SUÍ-SÁ

Suas liom, síos liom, Ar an suí-sá,
Suas liom, síos liom, Ar an suí-sá,
Suas liom, síos liom, Ar an suí-sá,
Is ní dúirt an préachán
Ach, "cá, cá, cá".

ON THE SEE-SAW
Up, down, On the see saw,
Up, down, On the see saw,
Up, down, On the see saw,
But all the crow said
Was, "caw, caw, caw".

The following collection of rhymes can help children of all ages focus on aspects of nature:

43. DUILLEOGA DEASA DEASA

Duilleoga deasa deasa,
Duilleoga deasa buí;
Duilleoga deasa deasa,
Ag damhsa ar an gcraobh.

Duilleoga deasa deasa,
Duilleoga deasa buí;
Duilleoga deasa deasa,
Ag imeacht leis an ngaoth.

Duilleoga deasa deasa,
Duilleoga deasa buí;
Duilleoga deasa deasa,
Ar thalamh ina luí.

NICE NICE LEAVES
*Nice nice leaves,
Nice yellow leaves;
Nice nice leaves,
Dancing on the branch.*

*Nice nice leaves,
Nice yellow leaves;
Nice nice leaves,
Going with the wind.*

*Nice nice leaves,
Nice yellow leaves;
Nice nice leaves,
Lying on the ground.*

44. A BHÓÍN BHEAG DÉ

A bhóín bheag Dé,
A bhóín bheag Dé,
Oscail do sciatháin
Is bí ag eitilt san aer.

A bhóín bheag Dé,
A bhóín bheag Dé,
Oscail do sciatháin
Is bí ag eitilt sa spéir.

LITTLE LADYBIRD
*Little ladybird,
Little ladybird,
Open your wings
And fly in the air.*

*Little ladybird,
Little ladybird,
Open your wings
And fly in the sky.*

45. NÓINÍNÍ BÁNA

Nóiníní bána, croí beag buí,
Nóiníní bána ag oscailt roimh an ghrian,
Nóiníní bána, croí beag buí,
Nóiníní bána ag dul a chodladh san oíche.

WHITE DAISIES
*White daisies, small yellow heart,
White daisies opening before the sun,
White daisies, small yellow heart,
White daisies going to sleep at night.*

46. JIMÍN BEAG AN DAMHÁN ALLA

Jimín beag an damhán alla,
Shiúil sé suas go barr an bhalla.
Shiúil sé síos arís go talamh,
Jimín beag an damhán alla.

LITTLE JIMMY THE SPIDER
*Little Jimmy the Spider,
He walked up to the top of the wall.
He walked down again to the ground,
Little Jimmy the Spider.*

47. SMIDÍN BEAG AN SEILIDE

Smidín beag, an seilide,
Ag snámh go righin is go mall.
Suas an balla,
Suas an balla,
Anuas arís ar ball!

SMIDÍN THE LITTLE SNAIL
*Little Smidín, the snail,
Gliding slowly and tenaciously.
Up the wall,
Up the wall,
Down again in a while!*

48. ÉINÍN BINN

Aon, dó, aon dó trí,
Chuala mise éinín binn,
Aon, dó, aon dó trí,
Chuala mise éinín.
La la la la,
La-la la-la la la,
La la la la,
La-la, la-la, la.

Aon, dó, aon dó trí,
Thug mé brus don éinín binn,
Aon, dó, aon dó trí,
Thug mé brus don éinín.
La la la la,
La-la la-la la la,
La la la la,
La-la, la-la, la.

Aon, dó, aon dó trí,
D'eitil uaim an t-éinín binn,
Aon, dó, aon dó trí,
D'eitil uaim an t-éinín.
La la la la,
La-la la-la la la,
La la la la,
La-la, la-la, la.

Aon, dó, aon dó trí,
Slán leat a éinín bhinn.
Aon, dó, aon dó trí,
Slán leat a éinín.
La la la la,
La-la la-la la la,
La la la la,
La-la, la-la, la.

MELODIOUS LITTLE BIRD

One, two, one two three,
I heard a melodious little bird,
One, two, one two three,
I heard a little bird.
La la la la,
La-la la-la la la,
La la la la,
La-la, la-la, la.

One, two, one two three,
I gave crumbs to the melodious little bird,
One, two, one two three,
I gave crumbs to the little bird.
La la la la,
La-la la-la la la,
La la la la,
La-la, la-la, la.

One, two, one two three,
The melodious little bird flew away,
One, two, one two three,
The little bird flew away.
La la la la,
La-la la-la la la,
La la la la,
La-la, la-la, la.

One, two, one two three,
Goodbye melodious little bird.
One, two, one two three,
Goodbye little bird.
La la la la,
La-la la-la la la,
La la la la,
La-la, la-la, la.

ACTIVITY SONGS • GNÍOMHAMHRÁIN

49. AN HÓCAÍ PÓCAÍ PÓCAÍ

Cuir do dhá lámh isteach
Is do dhá lámh amach.
Do dhá lámh isteach
Is amach, isteach, amach.
Déan an Hócaí Pócaí
Agus cas, cas thart,
Sin mar a dhéantar é.

Ó! Hócaí Pócaí Pócaí,
Ó! Hócaí Pócaí Pócaí,
Ó! Hócaí Pócaí Pócaí,
Sin mar a dhéantar é.

Cuir do dhá lámh suas
Is do dhá lámh síos.
Do dhá lámh suas
Agus síos is suas arís.
Déan an Hócaí Pócaí
Agus cas, cas thart,
Sin mar a dhéantar é.

Ó! Hócaí Pócaí Pócaí,
Ó! Hócaí Pócaí Pócaí,
Ó! Hócaí Pócaí Pócaí,
Sin mar a dhéantar é.

THE HOKEY POKEY

Put your two hands in
And your two hands out.
Put your two hands in
And out, in, out.
Do the Hokey Pokey
And turn, turn around,
That's how it's done.

Oh! Hokey Pokey Pokey,
Oh! Hokey Pokey Pokey
Oh! Hokey Pokey Pokey
That's how it's done.

Put your two hands up
And your two hands down.
Put your two hands up
And down and up again.
Do the Hokey Pokey
And turn, turn around,
That's how it's done.

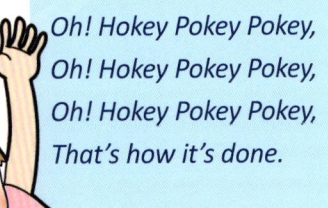

Oh! Hokey Pokey Pokey,
Oh! Hokey Pokey Pokey,
Oh! Hokey Pokey Pokey,
That's how it's done.

50. D'ÓL SÉARLAÍ BAINNE

D'ól Séarlaí bainne,
D'ól Séarlaí tae,
D'ith Séarlaí úll,
Ach ní íosfaidh Séarlaí mé.

SÉARLAÍ DRANK MILK
Séarlaí drank milk,
Séarlaí drank tea,
Séarlaí ate an apple,
But Séarlaí won't eat me.

51. DHÁ ÉINÍN BHEAGA

Dhá éinín bheaga,
Thuas ar an gcrann,
Seo é Peadar,
Seo é Seán.
Imigh uaim, a Pheadair!
Imigh uaim, a Sheáin!
Tar ar ais, a Pheadair!
Tar ar ais, a Sheáin!

TWO LITTLE BIRDS
Two little birds,
Up in the tree,
This is Peadar,
This is Seán.
Fly away, Peadar!
Fly away, Seán!
Come back, Peadar!
Come back, Seán!

52. RÉILTÍN! RÉILTÍN!

Réiltín! Réiltín! Seoidín Sí!
Ó nach gleoite an réalt' bheag í!
Féachaim suas le gliondar croí.
Feicim le mo shúile í.
Réiltín! Réiltín! Seoidín Sí!
Ó nach gleoite an réalt' bheag í!

LITTLE STAR! LITTLE STAR!
Little Star! Little Star!
Little fairy jewel!
Oh isn't it a delightful little star!
I look up with a joyful heart.
I see it with my eyes.
Little Star! Little Star!
Little fairy jewel!
Oh isn't it a delightful little star!

53. HAIGH DIDIL DIDIL

Haigh didil didil,
Is haigh didil didil,
Is haigh didil didil dí dé ró,
Chuala mé scéal
Ar maidin inné
Faoin gcat agus didil dí dé ró!

Haigh didil didil,
Is haigh didil didil,
Is haigh didil didil dí dé ró,
Thug an bhó léim
Thar gealach is réalt
Is sheinn an cat didil dí dé ró!

Haigh didil didil,
Is haigh didil didil,
Is haigh didil didil dí dé ró,
Reics ag gáirí
Is breá leis an spraoi
Is sheinn an cat didil dí dé ró!

Haigh didil didil,
Is haigh didil didil,
Is haigh didil didil dí dé ró,
"Hide and Go Seek"
A deir spúnóg le mias
Is sheinn an cat didil dí dé ró!

HAIGH DIDIL DIDIL

Haigh didil didil,
And haigh didil didil,
And haigh didil didil dí dé ró,
I heard a story
Yesterday morning
About the cat and didil dí dé ró!

Haigh didil didil,
And haigh didil didil,
And haigh didil didil dí dé ró,
The cow jumped
Over moon and star
And the cat played didil dí dé ró!

Haigh didil didil,
And haigh didil didil,
And haigh didil didil dí dé ró,
Rex laughing
He loves fun
And the cat played didil dí dé ró!

Haigh didil didil,
And haigh didil didil,
And haigh didil didil dí dé ró,
"Hide and Go Seek",
Said the spoon to the dish
And the cat played didil dí dé ró!

TUNE: HICKORY DICKORY DOCK

54. LORCÁINÍN-LORCÁINÍN LUCH

Lorcáinín-Lorcáinín Luch,
Do rith sé suas an clog.
Do bhuail an clog,
Do léim an luch.
Lorcáinín-Lorcáinín Luch.

LITTLE LORCÁN MOUSE

Little Lorcán Mouse,
He ran up the clock.
The clock chimed,
The mouse jumped.
Little Lorcán Mouse.

55. TEIDÍ BEAG ÁLAINN

Teidí beag álainn, Teidí beag buí,
Thit sé sa pháirc agus tá sé an-tinn;
Tá sé ina leaba bheag, tá sé ina luí,
Teidí beag álainn, Teidí beag buí.

Ghortaigh sé a cheann agus
ghortaigh sé a shúil,
Ghortaigh sé a lámha,
ghortaigh sé a ghlúin;
Tá sé ina leaba bheag, tá sé ina luí,
Teidí beag álainn, Teidí beag buí.

Tháinig an dochtúir i gcarr chun an tí;
"Cá bhfuil Teidí beag, Teidí beag buí?"
Tá sé ina leaba bheag, tá sé ina luí,
Teidí beag álainn, Teidí beag buí.

D'fhéach sé ar a cheann agus
d'fhéach sé ar a shúil,
D'fhéach sé ar a lámha,
d'fhéach sé ar a ghlúin;
Tá sé ina leaba bheag, tá sé ina luí,
Teidí beag álainn, Teidí beag buí.

LOVELY LITTLE TEDDY

Lovely little Teddy,
Little yellow Teddy,
He fell in the park and
is very sick;
He is in his little bed,
he is asleep,
Lovely little Teddy,
Little yellow Teddy.

He hurt his head and
he hurt his eye,
He hurt his hands,
he hurt his knee;
He is in his little bed,
he is asleep,
Lovely little Teddy,
Little yellow Teddy.

The doctor came
in a car to the house;
"Where is little Teddy,
Little yellow Teddy?"
He is in his little bed,
he is asleep,
Lovely little Teddy,
Little yellow Teddy.

He looked at his head and
he looked at his eye,
He looked at his hands,
he looked at his knee;
He is in his little bed,
he is asleep,
Lovely little Teddy,
Little yellow Teddy.

TIME TO GO HOME
TÁ SÉ IN AM DUL ABHAILE

TIME TO GO HOME

Before going home from playgoup or crèche the room may have to be tidied, hands may have to be washed and the rhymes used earlier can be repeated. Remember that repetition is the key to language acquisition.

It is a good idea to take every opportunity you can to sing or recite the rhymes in this guide.

57. CUIRFIDH MÉ ORM MO CHÓTA

Cuirfidh mé orm mo chóta,
Cuirfidh mé orm mo chóta,
Cuirfidh mé orm mo chóta,
Trala lalalala la.

Phrases:
"Ó! Féach ar an gclog. Is gearr go mbeidh sé in am dul abhaile. Caithfimid na cótaí a fháil agus caithfimid na málaí a fháil."

("Oh! Look at the clock. It will soon be time to go home. We will have to get the coats and the bags.")

I WILL PUT ON MY COAT
I will put on my coat,
I will put on my coat,
I will put on my coat,
Trala lalalala la.

58. VOCABULARY/PHRASES

Tá Mamaí ag teacht faoi mo dhéin.
Tá Daidí ag teacht faoi mo dhéin.
Tá Mamó ag teacht faoi mo dhéin.
Tá Daideo ag teacht faoi mo dhéin.

VOCABULARY/PHRASES
Mammy is coming to collect me.
Daddy is coming to collect me.
Grandma is coming to collect me.
Grandad is coming to collect me.

59. TÁ MAMAÍ AG TEACHT FAOI MO DHÉIN

Tá Mamaí ag teacht faoi mo dhéin,
Tá Mamaí ag teacht faoi mo dhéin,
Tá Mamaí ag teacht,
Tá Mamaí ag teacht,
Tá Mamaí ag teacht faoi mo dhéin.

Tá Daidí ag teacht faoi mo dhéin,
Tá Daidí ag teacht faoi mo dhéin,
Tá Daidí ag teacht,
Tá Daidí ag teacht,
Tá Daidí ag teacht faoi mo dhéin.

Tá Mamó ag teacht faoi mo dhéin,
Tá Mamó ag teacht faoi mo dhéin,
Tá Mamó ag teacht,
Tá Mamó ag teacht,
Tá Mamó ag teacht faoi mo dhéin.

Phrases:

"Tá Daidí Aoife ag teacht inniu."
(Aoife's Daddy is coming today.)

"Cé tá ag teacht faoi do dhéinse, a Choilm?"
(Who is coming to collect you Colm?)

Child: *"Mamaí"*

MAMMY IS COMING TO COLLECT ME
*Mammy is coming to collect me,
Mammy is coming to collect me,
Mammy is coming,
Mammy is coming,
Mammy is coming to collect me.*

*Daddy is coming to collect me,
Daddy is coming to collect me,
Daddy is coming,
Daddy is coming,
Daddy is coming to collect me.*

*Grandma is coming to collect me,
Grandma is coming to collect me,
Grandma is coming,
Grandma is coming,
Grandma is coming to collect me.*

TIME TO GO HOME

60. TAR ABHAILE

Tar abhaile, tar abhaile
Go tapa, go tapa;
Tá sé deireanach, tá sé deireanach,
Tá an ghrian ag dul faoi!

Tar abhaile, tar abhaile
Go tapa, go tapa;
Tá sé deireanach, tá sé deireanach,
Tá an ghrian ag dul faoi!

COME HOME

*Come home, come home
Quickly, quickly;
It is late, it is late,
The sun is setting!*

*Come home, come home
Quickly, quickly;
It is late, it is late,
The sun is setting!*

FIRST LINE INDEX • INNÉACS NA gCÉAD LÍNTE

	CD	Track	Page
A bhóín bheag Dé	2	44	85
Ag bualadh bos	1	10	18
Ag rolladh is ag rolladh is ag rolladh	1	24	27
Ag siúl, ag siúl, ag siúl	1	58	53
Aindí leisciúil, Aindí leisciúil	1	34	35
Amach, amach, amach go mall	2	40	84
Aon, dó, aon dó trí, Caithfidh mé mo lámha a ní	2	7	60
Aon, dó, aon dó trí, Chuala… éinín binn	1 (one verse)	15	21
Aon, dó, aon dó trí, Chuala… éinín binn	2 (four verses)	48	87
Aon, dó, Muc is bó	1	6	16
Aon, dó, trí, Féirín beag buí	1	3	15
Bainfidh mé díom mo chóta	1	49	48
'Bhfuil sé in am lóin	2	18	69
Braonacha báistí ag titim	1	55	52
Brúigh is fáisc	1	25	28
Buail bos, Gread cos	1	42	41
Buail do bhosa	1	40	40
Bualadh bos, bualadh bos	2	29	76
Bula bula báisín	1	45	43
Caithfidh mé an seomra a ghlanadh	2	4	56
Calóga sneachta ag titim	1	57	53
Capaillíní ag rothlú, ag rothlú, ag rothlú	1	35	35
Cárta deas do Dhaidí	2	36	80
Cárta deas do Mhamaí	2	35	80
Ceann, guaillí, Glúin' is cos'	1	11	18
Ciorcal mór	1	31	33
Cuimil do bhosa	1	43	41
Cuir do dhá lámh isteach	2	49	88
Cuirfidh mé orm mo chóta	2	57	95
D'ól Séarlaí bainne	2	50	89
Déanfaidh mé císte deas duit	1	23	27
Dhá éinín bheaga	2	51	89
Ding dong dó	2	20	70

FIRST LINE INDEX • INNÉACS NA gCÉAD LÍNTE

	CD	Track	Page
Duilleoga deasa deasa	2	43	85
Dún do shúile, A ghrá mo chroí	2	15	65
Éiníní, éiníní, Codlaígí, codlaígí	2	16	66
Fáilte romhat a Chiara	1	48	47
Féach ar mo lámha, A haon, a dó	2	8	60
Gaineamh mín réidh	1	21	26
Haigh didil didil	2	53	90
Humptaí Dumptaí	1	4	15
Inniu Lá Breithe Chlíona	2	25	74
Is maith liom an tseamróg	2	33	78
Is maith liom bheith ag siúl	1	12	19
Isteach, isteach, isteach go mall	2	41	84
Istigh sa Zú, Tá an Babaí Cangarú	1	36	36
Jimín beag an damhán alla	2	46	86
Lá 'le Pádraig, Lá 'le Pádraig	2	34	79
Lá breithe faoi shéan	2	26	74
Lámh, lámh eile, a haon, a dó	1	9	18
Lámha, bosa, glúine, cosa	1	41	40
Léifidh mé scéilín deas duit	1	29	30
Lorcáinín-Lorcáinín Luch	2	54	91
Mainséar beag	2	30	77
Mise an Traein, puff-puff, puff-puff	1	39	39
Mise Dic, an Róbó glic	1	5	15
Nigh na lámha	2	9	61
Nóiníní bána, croí beag buí	2	45	86
Oíche Shamhna is bairín breac	2	28	75
Oíche Shamhna, Oíche Shamhna	2	27	75
Péint is scuab is páipéar	1	22	26
Réiltín! Réiltín! Seoidín Sí!	2	52	89
Réitímis an seomra	2	5	57
Ring-a-ring-a-rósaí	1	33	34
Roille, roille, ráinne	1	32	34
Rólaí Pólaí, Rólaí Pólaí, suas, suas, suas	1	8	17
Scian, scian	2	22	71

FIRST LINE INDEX • INNÉACS NA gCÉAD LÍNTE

	CD	Track	Page
Seáinín ar a rothar	1	38	38
Seo linn amach, Amach ag siúl	2	39	84
Sicín beag a chuaigh amú	1	37	37
Sín do lámha suas thar do cheann	1	44	42
Siosúr, siosúr	2	23	71
Smidín beag, an seilide	2	47	86
Stocaí beaga bána	2	31	77
Suas liom, síos liom, Ar an suí-sá	2	42	84
Tá an ghrian ag taitneamh	1	52	51
Tá an lá go hálainn	1	53	51
Tá duine ag an doras	1	47	46
Tá féile speisialta inniu	2	32	78
Tá leoraí mór ag teacht	1	27	29
Tá mé ag siúl	1	13	20
Tá mé tuirseach	2	13	65
Tá mise ag bualadh na cré	1	25	28
Tá mise ag tógáil tí	1	26	29
Tá mo lámha glan	2	11	62
Tá tart is ocras orm anois	2	19	69
Tá trí ubh sa nead	2	37	81
Tá úll beag deas agam	2	21	71
Tá Clíona ceithre bliana inniu	2	25	74
Tá Mamaí ag teacht faoi mo dhéin	2	59	96
Tar abhaile, tar abhaile	2	60	97
Teidí beag álainn, Teidí beag buí	1 (one verse)	17	22
Teidí beag álainn, Teidí beag buí	2 (four verses)	55	92
Téigh a chodladh, téigh a chodladh	2	14	65
Téimis chun siúil	1	14	21
Tice teaice tiú	1	7	17
Timpeall! Timpeall! Rothaí an chairr	1	28	30
Timpeall, timpeall casann an roth	1	20	25
Triomaigh na lámha	2	10	61
Trumpa, trampa, trumpa, tró	1	16	22
Uisce, uisce, Uisce glé	1	19	25